国家社科基金项目研究成果 15BTQ019

网络信息采集与保存策略研究

张 炜 主编

国家图书馆出版社

图书在版编目（CIP）数据

网络信息采集与保存策略研究 / 张炜主编 . — 北京：国家图书馆出版社，2021.8
ISBN 978-7-5013-7163-1

Ⅰ.①网… Ⅱ.①张… Ⅲ.①计算机网络—信息管理 Ⅳ.① G203 ② TP393

中国版本图书馆 CIP 数据核字（2021）第 000536 号

书　　名　网络信息采集与保存策略研究
著　　者　张炜 主编
责任编辑　唐澈
封面设计　耕者设计工作室

出版发行　国家图书馆出版社（北京市西城区文津街 7 号　100034）
　　　　　（原书目文献出版社　北京图书馆出版社）
　　　　　010-66114536　63802249　nlcpress@nlc.cn（邮购）
网　　址　http://www.nlcpress.com
排　　版　北京旅教文化传播有限公司
印　　装　河北鲁汇荣彩印刷有限公司
版次印次　2021 年 8 月第 1 版　2021 年 8 月第 1 次印刷

开　　本　710×1000　1/16
印　　张　13
字　　数　180 千字
书　　号　ISBN 978-7-5013-7163-1
定　　价　98.00 元

编委会

主　　编：张　炜

编　　委：张　炜　肖慧琛　董晓莉　周笑盈　吕　琳

　　　　　张文静　廉洪霞　戴　璐　罗　肖　孙　倩

前　言

在网络信息不断更迭的时代，社会大众逐步深入参与信息发布和传播的过程。在这个过程中，随着互联网技术特别是移动互联网的发展，信息规模快速增长，类型也不断丰富，信息的发布者逐渐去中心化，社会机构或个体都可以从各自角度发布信息、表达态度，人人都可成为信息的生产者和传播者。互联网信息记录时代的变迁和发展，而网络也逐渐成为全民记忆的承载体。对在互联网产生和流通的信息进行保存和保护，已经成为时下亟须开展的社会性和历史性工作。面向网络信息的保存、利用和服务对于保障国家信息和舆论安全具有十分重要的战略价值，国际社会纷纷将网络信息保存应用作为重要的国家战略加以推动和实施。立足我国信息安全与社会信息化建设的长远发展，建设覆盖全国的分级分布式互联网信息资源采集与保存体系，及时、有效地记录时代文明发展脉络，对承载中华数字记忆、弘扬优秀文化、促进人类信息发展具有重要战略意义。

图书馆作为重要的信息服务机构，保存人类记忆是其存在的重要意义。图书馆肩负着传播知识、传承文明、支持创新、促进发展的重要使命。无论是保存纸质文献，还是保存网络信息资源，图书馆在新时代仍然应继续承担保存人类社会记忆的责任。在新的形势下，对日益增长的网络信息资源进行有效的保存与利用已成为现代信息环境下公共图书馆业务发展的重要方向。与欧美主要发达国家相比，我国针对网络信息采集与保存的研究与实践在深度和广度上都有着较大的差距，其中技术、策略、标准等方面的不足是导致我国网络信息采集与保存工作相对落后的重要因素，特别是国内图书馆界针对网络信息采集与保存工作的技术、策略以及标准的研究和实践尚未广泛而深入地展开。本书是在国家社科基金项目"网络信息采集与保存策略研究"成果的基础上加工完成，立足公共图书馆职能，以国内外较有代表性的保存机构的研究和实践为基础，结合国家图书馆网络信息采集与保存研究和实践的实际情况，根据我国国情，拟定了包含信息采集深度与采集频率在内的网络信息采集与保存工作流程，并从实践角度对可复用、可扩展的国家数字图书馆网络信息采集平台建设和网络信息的保存与服务应用等几个问题进行了较为深入的专题研究。此外，该社科基金项目成果拟定了符合实际需要的基于 WARC 格式的网络信息采集格式国家标准草案。本书与已有研究不同，重点不在于探讨国际行业组织的网络信息资源保存与服务工作，而是将关注点转移到从业者所面对的实际问题上，这恰恰是目前同类书籍所缺乏的。

本书立足图书情报界的职能和定位，通过对网络信息评估、采集、分析和服务各流程的理论和实践进行研究，进而提出网络信息采集与保存策略，从而为政府决策、社会研究和民众学习提供积极的参考和借鉴。随着技术的发展和互联网产业的变革，网络信息保存与应用不断面临新的问题和挑战，图书馆必须不断跟踪行业现状，变革业务模式，顺应时代发展和用户需求，继续加强关键技术应用，以大数据技术和人工智能技术对采集数据开展数据关联和挖掘，提取有用价值，为知识化服务提供保障。同时要继续研究社会各界不同用户的个性化需求，为政府决策、科学研究、信息检索等提供支持。未来将进一步结合我国数字图书馆事业发展，继续深入推进网络信息的资源联建和共享，构建全国统一的网络信息保存与服务平台，加强技术研发与创新，促使国家数字图书馆在我国政治、经济、文化领域发挥更大作用。

本书各章撰写情况如下：

"绪论"由董晓莉、廉洪霞撰写。

"第一章　网络信息采集与保存的理论研究"由戴璐撰写。

"第二章　网络信息采集与保存的实践分析"由肖慧琛、周笑盈、孙倩撰写，张炜在初稿基础上进行修改。

"第三章　中文网络信息存档格式和元数据标准的确立"由张炜、肖慧琛、张文静、廉洪霞撰写。

"第四章　中文网络信息评价指标体系的确立"由吕琳、周笑盈撰写。

"第五章　网络信息采集与保存服务系统的设计与搭建"由张炜、张文静、罗肖撰写。

"第六章　构建完善的网络信息采集与保存服务体系"由张炜、张文静、罗肖撰写。

"第七章　网络信息采集与保存工作展望"由张炜、董晓莉、肖慧琛、周笑盈撰写。

"结语"由董晓莉、孙倩撰写。

张　炜

2021 年 7 月 8 日

目　录

绪　论

当今世界已进入信息时代，互联网技术日新月异，信息化潮流席卷政治、经济、文化等各个领域，世界各国无一例外面临着建设在线国家的新现实。网络已成为除领土、领海、领空、太空之外一个国家的第五大疆域[①]。网络信息已经成为信息时代的石油，在当今每一个行业都发挥了重要的作用，是推动国家进步和社会发展的重要因素。开展网络信息保存工作，是构建我国统一的网络信息保存体系、提高网络信息的分析能力和服务水平、保障国家信息和舆论安全的重要手段。鉴于网络信息的重要战略价值，各国政府纷纷将网络信息保存应用作为重要的国家战略加以推动和实施，通过大数据技术对海量网络数据进行分析和挖掘，为国家的战略规划和行业振兴提供重要的参考。在此背景下，本书立足公共图书馆职能，通过对国内外网络信息采集工作各流程的理论和实践进行调研分析，提出符合我国国情的网络信息采集与保存策略，为政府决策、社会研究和民众学习提供参考和借鉴。

一、研究背景

1. 相关政策的支持

从社会发展史看，人类经历了农业革命、工业革命，正在经历信息革命。农业革命增强了人类生存能力，工业革命拓展了人类体力，而信息革命则增强了人类脑力，带来生产力的又一次质的飞跃，对国际政治、经济、文化、社会、生态、军事等领域发展产生了深刻影响。随着我国经济发展进入新常态，而新常态必须要有新动力，互联网将在这方面大

---

① 张笑容.第五空间:大国间的网络博弈［M］.北京:机械工业出版社,2014:50.

有可为。互联网革命浪潮的兴起，网络时代的到来，推动了信息技术的迅猛发展，带来了信息处理方式的深刻变革，也引发了 21 世纪人类信息领域的强烈震撼。为了应对挑战，我国在积极利用网络信息的同时，也相继确立了一系列制度保障。

当前，全球数据量仍在飞速增长的阶段。根据国际权威机构 Statista 的统计和预测，到 2035 年，全球数据产生量预计将达到 2142ZB，全球数据量即将迎来更大规模的爆发[①]。大数据的广泛深入应用，使人类社会逐渐走向数据经济时代。利用大数据分析，能够总结经验、发现规律、预测趋势、辅助决策，充分释放和利用海量数据资源中蕴含的巨大价值，推动新一代信息技术与各行业的深度耦合、交叉创新。大数据的发展将对经济社会发展乃至人们的思维观念带来革命性的影响，同时也能够为国家发展提供战略性的机遇，因此，从出现伊始，大数据就受到各方的热切关注。有些发达国家相继制定出台大数据发展的战略性指导文件，大力推动大数据的发展和应用，大数据的重要程度不言而喻。2018 年 8 月 31 日，我国国务院也发布了《促进大数据发展行动纲要》，这是指导我国大数据发展的国家顶层设计和总体部署，其中专门提到"加强互联网信息采集利用。加强顶层设计，树立国际视野，充分利用已有资源，加强互联网信息采集、保存和分析能力建设，制定完善互联网信息保存相关法律法规，构建互联网信息保存和信息服务体系"[②]。大数据主要来自互联网，《促进大数据发展行动纲要》的发布，明确了互联网信息的采集和保存的重要性和必要性。

现如今，网络空间逐步成为世界主要国家开展竞争和战略博弈的新领域。2017 年 6 月 1 日起，作为国家网络安全保障体系重要组成部分的

---

① 中国信息通信研究院.大数据白皮书（2020 年）[EB/OL].[2021-06-02].http://www.caict.ac.cn/kxyj/qwfb/bps/202012/P020210208530851510348.pdf.

② 中华人民共和国中央人民政府.国务院关于印发促进大数据发展行动纲要的通知[EB/OL].[2021-02-08].http://www.gov.cn/zhengce/content/2015-09/05/content_10137.

《中华人民共和国网络安全法》正式实施，其中第二十九条规定："国家支持网络运营者之间在网络安全信息收集、分析、通报和应急处置等方面进行合作，提高网络运营者的安全保障能力。有关行业组织建立健全本行业的网络安全保护规范和协作机制，加强对网络安全风险的分析评估，定期向会员进行风险警示，支持、协助会员应对网络安全风险。"第四十一条规定："网络运营者收集、使用个人信息，应当遵循合法、正当、必要的原则，公开收集、使用规则，明示收集、使用信息的目的、方式和范围，并经被收集者同意。网络运营者不得收集与其提供的服务无关的个人信息，不得违反法律、行政法规的规定和双方的约定收集、使用个人信息，并应当依照法律、行政法规的规定和与用户的约定，处理其保存的个人信息。"[①] 网络信息是建设网络强国的必争之地，《中华人民共和国网络安全法》的出台，意味着我们在进行网络信息采集和保存过程中必须提供有效的制度和技术保障。

习近平总书记主持召开中央网络安全和信息化领导小组第一次会议时强调："信息技术和产业发展程度决定着信息化发展水平，要加强核心技术自主创新和基础设施建设，提升信息采集、处理、传播、利用、安全能力，更好惠及民生。"[②] 在2018年开始实施的《中华人民共和国公共图书馆法》中提到"国家构建标准统一、互联互通的公共图书馆数字服务网络，支持数字阅读产品开发和数字资源保存技术研究，推动公共图书馆利用数字化、网络化技术向社会公众提供便捷服务。政府设立的公共图书馆应当加强数字资源建设、配备相应的设施设备，建立线上线下相结合的文献信息共享平台，为社会公众提供优质服务"。公共数字文化建设是加快构建现代公共文化服务体系的重要任务。"十四五"时期是文化

---

① 中华人民共和国中央人民政府.中华人民共和国网络安全法［EB/OL］.［2021-02-08］.http://www.gov.cn/xinwen/2016-11/07/content_5129723.htm.

② 中国共产党新闻网.习近平主持召开中央网络安全和信息化领导小组第一次会议［EB/OL］.［2021-02-08］.http://cpc.people.com.cn/n/2014/0227/c64094-24486402.html.

产业作为国民经济支柱性产业整体迈向高质量发展和数字文化产业腾飞发展的重要阶段。有关公共文化服务领域的重要讲话和相关法律，为公共文化服务机构进行网络信息和数字信息的采集、保存和利用提供了依据，指明了方向。

2. 中国互联网络发展概况

根据 2020 年 9 月中国互联网络信息中心（China Internet Network Information Center, CNNIC）发布的第 46 次[①]和 2021 年 2 月发布的第 47 次《中国互联网络发展状况统计报告》[②]，截至 2020 年 12 月 31 日：

①我国网民数量达 9.89 亿人，全年新增网民 8540 万人，规模保持稳健增长。网民男女比例为 51∶49，与整体人口中男女比例基本一致。网民年龄以 30—39 岁群体为主，占比 20.5%。网民具备中等教育水平的群体规模最大。网民职业结构中，学生群体占比 21.0%，个体户 / 自由职业者占比 16.9%，企业 / 公司的管理人员和一般职员占比 11.0%，农村外出务工人员占比 12.7%。月收入在 2001—5000 元的网民群体占比最高。

②互联网普及率 70.4%，较 2020 年 3 月提升 5.9 个百分点。其中，城镇地区互联网普及率为 79.8%，农村地区互联网普及率为 55.9%。网络覆盖范围扩大，互联网服务持续渗透，宽带网络接入范围全面覆盖城乡社会，互联网惠及全民取得新进展。

③ IPv4 地址数量 38 923 万个，较 2019 年底增长 0.4%。IPv6 地址 57 634 块 /32，较 2019 年底增长 13.3%。我国正在持续推动 IPv6 大规模部署，进一步规范 IPv6 地址分配与追溯机制，有效提升 IPv6 安全保障能力，从而推动 IPv6 的全面应用。

---

① 中国互联网络信息中心.第46次中国互联网络发展状况统计报告［EB/OL］.［2021-02-08］.http://www.cnnic.net.cn/hlwfzyj/hlwxzbg/hlwtjbg/202009/P02021020555096519500l4.pdf.

② 中国互联网络信息中心.第47次中国互联网络发展状况统计报告［EB/OL］.［2021-02-08］. http://www.cnnic.net.cn/hlwfzyj/hlwxzbg/hlwtjbg/202102/P020210203334633480104.pdf.

④国际出口带宽为 11 511 397Mbps，较 2019 年底增长 30.4%，网民上网速度更快，网络质量更优。截至 2020 年 12 月，光纤接入用户规模达 4.54 亿户，占固定互联网宽带接入用户总数的 93.9%，较 2019 年底提升 1.0 个百分点。100Mbps 及以上接入速率的固定互联网宽带接入用户总数占固定宽带用户总数的 89.9%。截至 2020 年 12 月，三家基础电信企业发展蜂窝物联网终端用户 11.36 亿户，较 2019 年底增加 1.08 亿户。

⑤使用手机、台式电脑、笔记本电脑、电视上网的比例分别为 99.7%、32.8%、28.2%、24.0%。我国网民人均每周上网时长为 26.2 小时，较 2016 年底减少 4.6 个小时。

⑥网站总数 443 万个，其中 ".cn" 下网站数量为 295 万个。政府网站共 14 444 个，主要包括政府门户网站和部门网站。其中，中国政府网 1 个，国务院部门及其内设、垂直管理机构共有政府网站 894 个；省级及以下行政单位共有政府网站 13 549 个，分布在我国 31 个省（区、市）和新疆生产建设兵团。此外，截至 2020 年 12 月，我国网页总数为 3155 亿个，较 2019 年底增长 5.9%，其中静态网页数量 2155 亿个，占网页总数量的 68.3%，动态网页数量为 1000 亿个，占网页总量的 31.7%，网站和网页发展迅速。

⑦互联网应用中，网络新闻用户规模达 7.43 亿，较 2020 年 3 月增长 1203 万，占网民整体的 75.1%。手机网络新闻用户规模达 7.41 亿，较 2020 年 3 月增长 1466 万，占手机网民的 75.2%。2020 年，网络新闻媒体顺应时代发展需要，不断创新报道形式，为用户带来更加直观的新闻体验。与此同时，网络新闻也通过打造视频传播矩阵等方式，进一步加强媒体融合，提高用户黏性，提升用户体验。

3. 网络信息保存概况

在万物互联背景下，互联网信息资源涉及经济、社会、军事、科技等各个领域，具有高度全球化的特征。根据国际权威机构 Statista 的统计和预测，到 2035 年，全球数据产生量预计将达到 2142ZB，全球数据量即将迎来更大规模的爆发。随着数字经济在全球加速推进以及 5G、人工智能、物联网等相关技术的快速发展，数据已成为影响全球竞争的关键战略性资源。只有获取和掌握更多的数据资源，才能在新一轮的全球话语权竞争中占据主导地位[①]。网络正逐步成为人类信息空间的主流和主体，网络信息的数据聚合与分析结果，对各国社会经济发展与国家战略制定有重要的参考价值。网络产业的融合与重组更加快了网络信息的更新换代，网络信息成为易逝的不可再生资源。我国网络基础设施建设和网络信息产业发展迅速，信息量爆炸性增长，与之形成鲜明对比的是大量有价值的网页得不到有效的保存和利用，造成了资源的巨大浪费和损失。面对日新月异的信息环境和逐渐加快的现代社会变革与进步，大量异构的网络资源正在成为新发明和新服务的源泉，成为社会运行中根本性资源。

网络信息所反映的一定历史时期政治、经济、文化和社会等方面的实际面貌，是最鲜活的历史记忆。网络是信息、知识与智慧的集合体，数据无处不在，信息无处不在，网络正逐步成为人类获取信息与服务的重要渠道。对网络资源进行有序保存和组织，开展具有规模性的网络信息采集与保存实践，在当前大数据环境下对促进国家战略实施、推动经济文化发展都将起到重要的智力支持作用。

自 20 世纪 90 年代中期开始，网络信息保存与利用在世界各国逐步受到重视。以 1996 年互联网档案馆（Internet Archive，IA）的成立为标志，开启了各国对网络信息进行保存保护的实践探索。美国、英国、法国、澳大利亚、丹麦等国家的国家图书馆在政府的统一管理和支持下，先后开展了各自的网络存档工程，并开展科学研究。近年来全球科研文化机构已完成或正在推进的网络信息保存保护项目有近百项，各国图书馆、档案馆等科研文化机构纷纷加入网络信息的保存保护中，对网络信息的采集、存储、整合利用进行研究分析，涉及技术的研发、标准规范

---

① 中国信息通信研究院.大数据白皮书（2020年）[EB/OL].[2021-06-02].http://www.caict.ac.cn/kxyj/qwfb/bps/202012/P020210208530851510348.pdf.

制定等，并获得了一系列成果。

我国目前已有的网络信息采集与保存的实践性项目还较为稀少。与国外相比，我国对网络信息保存的研究与利用起步较晚，且理论性研究多于实践性工作。在当前实践开展方面，主要存在以下问题：

一是我国在网络信息利用和安全方面有一些制度和法律规定，但是没有涉及网络信息采集和保存的法律法规和规范制定，相关法律法规尚处空白阶段，亟须建立和开展。

二是由于网络信息采集实践较少、工作开展还不深入，目前网络信息的保存内容比较局限，尚未形成全国规模性采集成果。

三是当前网络信息保存实践项目之间分散、独立，缺乏统一、规范的采集策略与采集流程，对采集成果的长期保存和网络信息服务的共享与推广造成制约。

我国网络基础设施建设和网络信息产业发展迅速，信息量爆炸性增长，与之形成鲜明对比的是大量有价值的网页得不到有效的保护和利用，造成了资源的巨大浪费和损失。

针对我国公共数字文化服务机构的网络信息保存工作进行顶层设计的构建并联合各层级机构对网络信息保存数据进行共建共享来实现数据整合与开放利用，是当前环境下图书馆响应国家大数据战略、发挥网络信息价值、实现创新发展的重要任务。而经过统筹规划，制定统一、科学的采集策略，形成可管、可控的采集流程，将为网络信息保存整体工作的高效高质以及采集数据的有效揭示提供坚实基础。采集策略的确定，也将为网络信息保存工作面向全国的推广与普及提供范本。

二、研究目标

人类的发展离不开信息的传递与交流，每一次技术的革新都导致信息载体和传播方式的重大变革。特别是网络技术的普及以及智能化终端和移动终端的大规模应用，网络数据正源源不断地产生，海量的网络信息已成为人类生产、生活、文化、娱乐的重要载体，对其进行分析和挖掘能够把握社会发展的现实情况和重要走向，有助于对目标的修正和工作方式的改进。公共数字文化服务机构特别是图情机构的本质职能是保存人类文明，促进文化发展，为社会进步提供重要信息和参考。我们应该顺应时代发展趋势，充分履行自身职责，发挥信息情报组织和服务的专业化优势，对网络信息开展保存与利用。

　　本书围绕网络信息资源的生命周期，以国家图书馆的相关工作为切入点，从我国公共数字文化服务机构的网络信息采集与保存服务体系建设出发，开展网络信息的采集与保存策略研究。从网络信息采集的内容评价指标、采集深度与采集频率研究、采集业务的技术标准与质量控制等多角度，确立符合我国国情与实际需求的、具备高度可操作性的网络信息采集与保存流程框架。在此基础上，本书以用户需求为中心，依托科学有效的信息分类导航逐步实现顶层设计、多层发布的网络信息服务；利用先进技术工具，优化资源发布展示功能，实现网络信息资源的科学组织和整合。网络信息采集与保存旨在实现网络信息资源的长期保存和有效应用，为推进社会信息化发展、保存中华数字记忆、建设网络强国提供坚实保障与服务，既满足互联网环境下社会和用户的信息需求，又为具备公共数字文化服务职能的图情档案机构开展相关职能工作提供参考和借鉴。

三、研究意义

　　网络信息反映了一个时代的社会、政治、经济、文化的发展，但更新快、易流失。据统计，平均每周大约 2% 的网页会消失[①]，如果不采取积极有效的保存措施，不仅会造成信息价值的严重流失，同时也不利于

---

　　① FETTERLY D, MANASSE M, NAJORK M, et al. A large-scale study of the evolution of web pages[C]//In WWW '03：Proceedings of the 12th International Conference on World Wide Web, 2003：669-678.

文化和文明的传承。作为重要的文献资料保存中心，我国公共图书馆有责任也有义务开展网络信息保存和利用，为推动国家发展和文化繁荣提供支持。本书着眼于公共数字文化服务机构对网络信息的保存和利用，围绕"采""存""用"三个重要环节，旨在通过对一系列重点难点问题进行研究，改进现有工作模式，完善网络信息保存和应用体系，为提高科学决策水平、满足社会的信息化需求提供资源和技术保障。具体来说，本书主要有以下意义：

1. 有利于承载中华数字记忆，提升国家文化软实力

网络已经成为人类文明的重要载体，网络信息反映一定历史时期政治、经济、文化和社会等方面的实际面貌，是最鲜活的历史记忆。对网络信息进行保存，能够及时、有效地记录时代文明发展脉络，提炼、积累与传承中华优秀文明最新成果，有利于讲好中国故事，传播中国声音，阐释中国特色，不断激发中华优秀文明的活力，有利于保障并促进中华优秀文明的广泛、久远的传播，增强中华优秀文化的辐射力与影响力，从而全面提升我国在信息环境下的文化软实力，不断增强中华文化竞争力。

2. 有利于满足社会信息需求，提升信息利用水平

信息环境下，网络正逐步成为人类信息空间的主流和主体。开展网络信息的检索、过滤、分析和挖掘，构建网络信息资源的知识库，为社会公众和教育科研工作者提供深层次、专业化信息服务，从而不断满足人民群众广泛而深刻的信息需求，提升全社会信息资源利用水平，并为经济社会发展提供信息与智力支持。

3. 有利于推进信息化建设，促进国家经济社会发展

网络信息是跨国界流动的。信息流引领技术流、资金流、人才流，网络信息日益成为重要生产要素和社会财富，网络信息掌握的多少已经成为国家竞争力和创新力的重要标志。对网络信息进行保存，有利于促进网络基础设施建设、信息收集和分析能力的提高，能够为政府决策、

舆情监控、行业分析等提供重要依据和参考。随着大数据技术和人工智能技术的发展和在各行各业中的广泛应用，基于海量网络信息的价值提取和知识挖掘将为促进我国经济和社会发展提供重要支持。

4. 有利于把握网络信息趋势，维护网络信息安全

互联网信息资源涉及经济、社会、军事、科技等众多领域，具有高度全球化的特征。当今世界，互联网已经成为国家主权、安全、发展利益的重要阵地，没有网络安全就没有国家安全。对网络信息进行保存，利用大数据分析与挖掘技术，研究网络信息传播规律，获取有价值的信息资源，有利于把握网络舆论、清理网络空间、占领网络阵地，从而加强网络安全治理，维护我国的网络安全、文化安全与国家安全，推动我国从网络大国向网络强国转化。

综上所述，开展网络信息采集与保存策略研究是信息时代下把握社会发展方向、保存人类社会活动和文化文明的重要举措。本书立足以公共图书馆为代表的公共数字文化服务机构，结合职能定位和业务需求，在网络信息质量评估、采选策略、技术体系、保存与服务、联建与推广、标准规范等领域开展全面而深入的研究，并将研究成果应用于实践过程中，为更好地推进网络信息保存与服务，进而推动国家社会、经济和文化发展，满足民众信息需求提供有意义的参考。

四、总体研究思路

1. 研究方法

本书对用户的网络信息服务需求以及网络信息采集与保存模式做大量的抽样调查和个案分析，主要研究思路如下：

（1）用户的需求是工作进行的重要目的，这需要对网络信息的存在方式、主题类型、数据质量进行调查，在此基础上，研究不同人群对网络信息的需求，把握服务对象和服务模式，提出解决方案。

（2）正确的文化主题和良好的网络数据是网络资源保存服务的前提，

然而网络资源规模海量、格式异构、质量参差不齐，由此需要开展网络信息评价指标研究，通过技术手段对网络信息资源进行自动质量评价和选择性采集，使之能够满足网络信息长期保存需求和用户需求。

（3）为保证工作的有效整合与高效率管理，通过对国内外重点项目的研究，结合我国国情提出一些针对性的方法与方案并进行理论上的归纳和总结，编制网络信息采集工作服务流程、参考国际标准的网络资源采集 WARC 格式并应用于我国网络信息采集工作，实现标准化管理。

具体来说，本书采用以下研究方法：

（1）文献研究法

收集国内外相关文献和研究成果，充分吸取现有的研究成果。

（2）问卷调查与专家座谈法

根据对网络信息和用户分类，通过问卷、走访等方式，调研不同用户的网络信息获取现状、信息需求和信息获取特征；向相关领域的专家访谈、组织研讨，并走访国内具体项目负责人，获得第一手资料。

（3）数据分析法

运用统计学等相关方法对各种途径搜集的相关数据进行分析研究。

（4）案例研究法

调研国内外关于网络信息采集与保存的法律制度、公共政策、实践项目等，并总结国家图书馆"网络信息保存保护"项目建设和服务的实践活动与经验。

通过上述工作，本书对不同用户群体的网络信息服务的方法、模式进行归纳总结，并将之应用于实践进行验证，以保证方法与模式的可行性、有效性和可持续性。

2. 主要研究内容及范围

本书以调研我国网络资源的特点和用户的网络信息需求为基础，开展全国公益性公共数字文化服务机构中文网络信息的采集与保存策略研究。其中，网络信息采集的评价指标研究是保证网络信息质量和完整采集的前提，制定囊括信息采集深度与采集频率在内的网络信息采集与保存工作流程是实现实务操作过程的重要保障。由于我国网络资源的格式与类型有着自身的特点，因此需要根据我国国情制定符合实际需要的基于 WARC 格式的网络信息采集格式国家标准。具体来说，研究内容如下所述：

（1）结合网络信息采集与保存的主要目标与服务方向，形成具有较强操作性的针对公益性文化机构的网络信息内容采集评价指标。

（2）制定以图书馆为代表的保存机构的网络信息采集与保存工作流程，实现分工明确、高效有序的管理。

（3）根据我国网络资源的特点，完成国际互联网保存联盟（International Internet Preservation Consortium，IIPC）有关 WARC 文件格式的 ISO 标准中文版起草工作，应用于符合我国国情的网络信息采集业务。

（4）开展可复用可扩展的国家数字图书馆网络信息采集平台建设研究，实现对不同广度、深度的网络信息的采集、加工和管理，保证网络信息采集的完整性和时效性。

（5）开展网络信息的保存与服务应用研究，根据社会和用户需求，研究网络资源的价值提炼、知识提取和统一发现，为社会大众提供一站式信息检索与情报服务。

五、概念界定及特点

1. 网络信息的界定

网络信息，顾名思义为来自网络的信息资源。"网络信息"的含义来源于国外对网络范围的不同界定。常见的有 Internet information（因特网信息）、on-line information（联机信息）、world wide web resources（万维网资源）、networked information resources（网络信息资源）、web-based information（以万维网为基础的信息）[①]。在国内"网络"一词将这一新型

---

① 赵俊玲.守护e时代的记忆［M］.北京:北京图书馆出版社,2007:22.

形态的信息资源统一而称，对于"网络信息"一词目前并没有统一的定义，我们可从已有研究中窥见一二：

例如黄纯元在《图书馆与网络信息资源》中提到，网络信息资源是指"通过因特网可以利用的各种资源"①；索传军在《论网络化图书馆的信息资源建设》中提到，"从字面上讲，网络信息资源一般可以理解为通过计算机网络可以利用的各种信息资源的总和"②；赵志荣、徐恩元在《论网络信息资源》中提到，"网络信息资源是指人类在网络节点上选取、组织、序化的有用的数字化形式的信息集合，与传统信息资源的不同主要表现在信息载体、传播手段、表达形式等特点上"③；张勇在《网络信息资源的研究与建设》中提出网络信息资源是"文献信息在网络环境中的表现形式之一，是可在计算机技术、通信技术及多媒体技术相互融合而形成的网络上发布、查询与存取利用的信息资源的总和"④；中国互联网络信息中心在其《中国互联网中心调查报告》中，将互联网信息资源定义为"互联网络上公开发布的网页和在线数据库的总和"⑤。

由此可以看出，对于网络信息的认识，多数研究学者认为它是一个信息资源的合集，而这个合集离不开互联网的支撑。随着通信与网络技术的不断变革发展，网络信息（资源）的含义也在不断丰富复杂化。本书研究所针对的是普遍类型的网站和网页信息，不包括以数据库、程序或者软件形式存在的内容。

2. 网络信息的特点

与传统的信息类型相比，网络信息作为新技术环境下的产物，在规模数量、结构形式、分布范围以及传播渠道等方面都发生了巨大变化。

① 黄纯元.图书馆与网络信息资源[J].中国图书馆学报,1997(6):13-19.
② 索传军.论网络化图书馆的信息资源建设[J].图书馆,1999(1):22-25.
③ 赵志荣,徐恩元.论网络信息资源[J].情报杂志,2001(8):28-30.
④ 张勇.网络信息资源的研究与建设[J].高校图书馆工作,2000(1):24-28.
⑤ 中国互联网络信息中心.2003年中国互联网络信息资源数量调查[EB/OL].[2016-12-06].http://www.cnnic.net.cn/index/0E/00/12/index.html.

从网络信息的特点中也可以看到对网络信息进行有效管理、保存的必要性。

（1）海量

网络信息的产生与传播源于庞大、错综复杂的互联网络，每一位网络用户都既是信息的生产者也是信息的接收者，而在信息传递过程中又在不断地产生新的信息内容。当前存在于网络之上的网络信息数据量已经开始用 EB（1024PB）、ZB（1024EB）、YB（1024ZB）来计算。每天新产生的网络信息数量都在创造史无前例的记录。MBA Online 网站发布的数据显示：每天有 2940 亿封电子邮件发出，每天有 200 万篇博客发布，这些内容相当于《时代周刊》770 年的发行总量。每天有 2.5 亿张照片被上传到 Facebook，打印出来有 80 个埃菲尔铁塔那么高。每天有 86.4 万小时的视频被上传到 YouTube，不间断播放需要 98 年。

（2）无序

海量的网络信息突破了原有的线性传播方式，去中心化、网状的信息传播结构使网络信息的意义与结构变得模糊凌乱。信息的表现形式与载体方式也更加多样，微博、微信等新媒介的出现，令异构的信息数据成为网络信息的重要组成部分，这些未经加工和组织的信息应有的价值性和知识性被稀释，无序的特点愈加明显。

（3）开放

网络信息围绕网络用户而产生，信息获取来源不再是少数的信息权利拥有人或机构，信息生产的垄断与权威性被打破，信息的共建、共享成为网络社会的主流形态，人与人的互动性、分享度达到前所未有的开放状态。然而网络的无拘无束也带来了许许多多的问题：网络信息的质量良莠不齐，甚至由于商业利益的驱使导致网络信息中不良信息过剩，网络垃圾信息的增长速度远远高于合法的和有价值的网页增长速度，这不仅恶化了信息环境，对高价值、深度性的信息获取效率也造成了严重的影响。

（4）易逝

与网络信息的高速膨胀相对应的是其消失的速度。网络信息的产生往往是随机的、瞬时的，伴随着二次信息、三次信息的覆盖很容易瞬间淹没在信息洪流中。据统计，平均每周大约2%的网页会消失[①]，这些被淹没的信息未经筛选与组织，当中不乏大量具有重要历史和社会传播意义的内容，如果不采取积极有效的保存措施，在其消失之后人们将无法再利用。

———————

① FETTERLY D，MANASSE M，NAJORK M，et al. A large-scale study of the evolution of web pages［C］//In WWW '03：Proceedings of the 12th International Conference on World Wide Web，2003：669-678.

第一章 网络信息采集与保存的理论研究

本书统计了 2001—2018 年有关网络信息采集与保存的研究论文，试图通过对论文分布状况及研究主题的发展进行分析，进而揭示国内外网络信息采集与保存的历史与现状，为全面系统地了解网络信息采集研究状况提供帮助。

第一节 国外理论文献计量分析

此处统计数据来源于 LISTA（EBSCO）期刊引文数据库，该数据库对超过 560 种核心期刊、近 50 种优秀期刊、125 种精选期刊以及书籍、调查报告及记录编制了索引。此外还收录了 20 世纪 60 年代中期至今的 330 余种期刊和近 30 种图书的全文，主题涵盖图书馆、分类、编目、书目计量、在线信息检索和信息管理等。

一、论文分布年代及其数量增长趋势

以"Web Archive"为主题词对 1995 年至 2018 年文献进行检索（如图 1-1 所示），可以看出，从 2001 年开始逐步增长，至 2006 年达到最大值，之后开始呈下降趋势，至 2014 年缓慢回升。

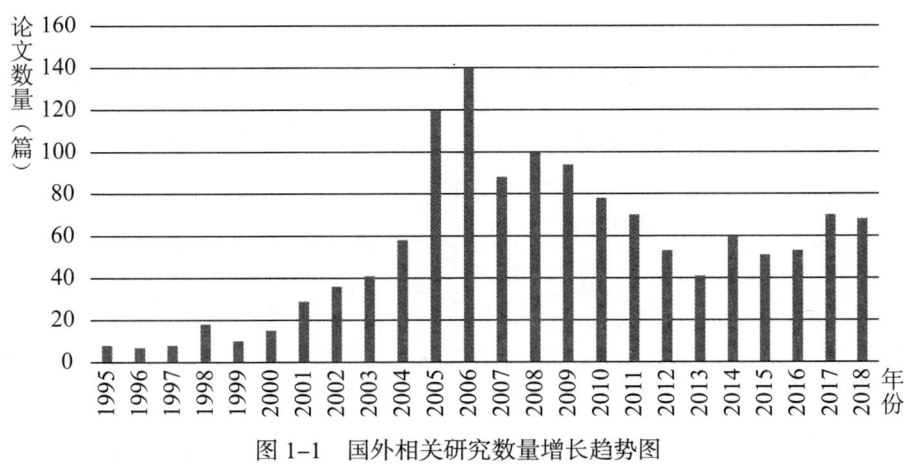

图 1-1　国外相关研究数量增长趋势图

二、论文的主题分布

关键词反映了研究成果的核心内容，从关键词的数量变化可以看出不同时期论文主题的侧重。表 1-1 的数据显示，"网络资源""数字图书馆""信息存储""档案管理"一直是网络存档研究领域关注的高频词汇。

表 1-1　1995—2018 年网络存档主题论文的高频关键词

1995—2000 年		2001—2006 年		2007—2011 年		2012—2018 年	
关键词	数量（个）	关键词	数量（个）	关键词	数量（个）	关键词	数量（个）
美国	15	网络存档	165	网络存档	209	网络存档资源	367
存档	13	网站	162	数字图书馆	75	数字图书馆	67
网站	11	存档	110	网络资源	66	非小说作品	43
互联网	10	电子信息资源	89	网站	66	网络存档	28
网络资源	8	数字图书馆	76	美国	50	计算机网络资源	27

续表

1995—2000 年		2001—2006 年		2007—2011 年		2012—2018 年	
关键词	数量（个）	关键词	数量（个）	关键词	数量（个）	关键词	数量（个）
在线信息服务	7	网络资源	51	电子信息资源	49	数字化保存	26
图书馆	6	信息存储与检索	49	网络资源存档	40	档案	25
网络存档	6	互联网	43	存档	36	凯特·泰默	25
万维网	5	万维网	38	存档资源数字化	29	档案资料数字化	19
存档资源	3	在线信息服务	34	数字化存储	26	电子信息资源	17
数据库	3	美国	34	网络信息保存	26	其他类型网络	16
数字图书馆	3	图书馆	33	英国	24	网站评价	14
电子信息资源	3	英国	30	信息存储与检索系统	24	图书馆资料数字化	13
电子出版	3	数据库	25	万维网	24	URL	13
信息服务	3	信息服务	23	互联网	22	web 2.0	13
在线数据库	3	电子文件	22	图书馆资源数字化	21	计算机网络资源档案	11
存档与教育	2	信息资源	21	电子文件	21	布鲁斯特·卡利	11
光盘只读存储器	2	信息资源管理	21	信息服务	21	电子信息资源	6
软件	2	在线数据库	21	图书馆	21	时光机（网络资源）	11

续表

1995—2000 年		2001—2006 年		2007—2011 年		2012—2018 年	
关键词	数量（个）	关键词	数量（个）	关键词	数量（个）	关键词	数量（个）
EBSCO 信息服务公司	2	高校图书馆	17	信息资源管理	20	数字化	10
电子参考资源	2	存档资源	17	数字化	17	互联网	10
印度	2	存档资源数字化	14	网络搜索	15	推特（网络资源）	10
信息存储与检索	2	信息检索	14	在线信息服务	15	大学图书馆	9
网络搜索	2	元数据	14	高校图书馆	13	电子图书	9
图书馆编目	2	记录	13	存档资源	12	元数据	9
报纸	2	电子信息资源检索	13	信息资源	12	互联网内容	7
出版社、出版	2	电子出版物	13	互联网存档（公司）	12	美国	7
学术出版	2	信息技术	13	网络发展	11	存档资源	6
搜索引擎	2	档案管理	13	网络搜索引擎	11	数字化图片	6
高校图书馆	1	数字化存储	12	档案保管员	10	政府网站	6
美国图书馆联盟	1	电子出版	12	电子出版物	10	美国总统就职典礼	6
亚利桑那	1	高校图书馆	12	谷歌	10	非裔美国人历史	5
军队	1	信息科学	11	档案管理	9	艾米丽·狄金森	5

续表

1995—2000 年		2001—2006 年		2007—2011 年		2012—2018 年	
关键词	数量（个）	关键词	数量（个）	关键词	数量（个）	关键词	数量（个）
作者	1	图书馆学	11	博客	9	数字化技术	5
自动化	1	美国国会图书馆	10	信息检索	9	美国南方社会生活与习俗	5
书目引文	1	国家图书馆	10	信息科学	9	特朗普	5
生物学	1	软件	9	信息技术	8	ABC-Clio	4
美国商业公司	1	网络搜索	9	元数据	8	图书馆馆藏发展	4
商业信息服务	1	出版社、出版	9	开源软件	8	瑞安·柯德尔	3
加州	1	档案材料	8	合伙（商业）	8	伊丽莎白·马德·克迪伦	4
目录	1	博客	8	公共图书馆	8	电子报纸	4
分类	1	加州	8	存取控制	7	电子参考图书	4

　　1995—2000 年，"网络存档"概念出现，相关研究起步。从关键词的数量可以看出，美国在该领域的研究中处于绝对领先的地位，图书馆是主要研究机构。对于网络存档的目的，业内人员也有了明确的交代，那就是为教育目的。同时，"数字图书馆""信息存储与检索""分类""编目"也在研究范围内，说明图书馆机构从一开始就将网络存档与自身的业务和使命紧紧联系在一起。

　　2001—2006 年，这 6 年是网络存档研究高速发展的时期，"信息存储与检索"的位次较之前一时期上升了十几位，说明此时网络存档的概念已经深入人心。学者开始将研究领域集中在具体的操作层面，引入了"元数据"的概念。得益于网络的便捷性，不少学者在博客中推出自己的最新研究成果。各类图书馆全面地参与到研究中来，如美国的国会图书馆，英国、澳大利亚等国的国立图书馆以及各个高校图书馆等，这些都可以从关键词统计上看出来。从研究实力上看，美国继续保持领先地位，英国紧随其后。

2007—2011 年的高频关键词与此前区别不大，但是研究论文的数量有所下降。"开源软件"和"存取控制"在此时引起了更多的关注。

2012—2018 年进入一个更加务实的阶段，论文数量维持在相对稳定的水平，研究对象更加具体，如对"门户网站""社交媒体""推特"等都有不少专门论述，这是因为在执行过程中不断遇到新问题，采集策略更加细化。

第二节　国内理论文献计量分析

此处统计数据来源于中国知网（CNKI），它收录了迄今近 8000 种期刊刊载的 3500 余万篇文献。所有文献被分为 8 个专辑：基础科学、工程科技、农业科技、医药卫生科技、哲学与人文科学、社会科学、信息技术、经济与管理科学。该数据库更新及时，学科全。

从"篇名或关键词"双条件，以"网络信息采集""网络信息保存"为检索词分别得到 96 条、67 条文献数据；再分别以"网站采集""网络存档"作为检索词，分别得到 3 条、87 条数据；以"网页采集""网站保存"为检索词分别得到 87 条、10 条数据；以"Web Archive""WARC"为检索词分别得到 187 条、20 条数据；以"网络信息"并含"保存"为检索词得到 98 条数据；以"网络信息"并含"采集"为检索词得到 124

条数据。对检索结果筛选去重后得到 185 条相关度较高的数据。

一、论文分布年代及其数量增长趋势

对 2001—2018 年以"网络信息采集与保存"为主题的论文量进行年代分布分析可以发现（见图 1-2），18 年间共发表相关论文 185 篇，基本上呈逐年递增的趋势。其中 2001—2003 年论文数量较少，但是相关研究已经起步。2004—2009 年，文献量急剧增长，至 2009 年达到峰值，一年就出现了 24 篇之多。从 2010 年开始呈下降趋势，2015 年开始趋于平稳，说明研究进入相对成熟期。

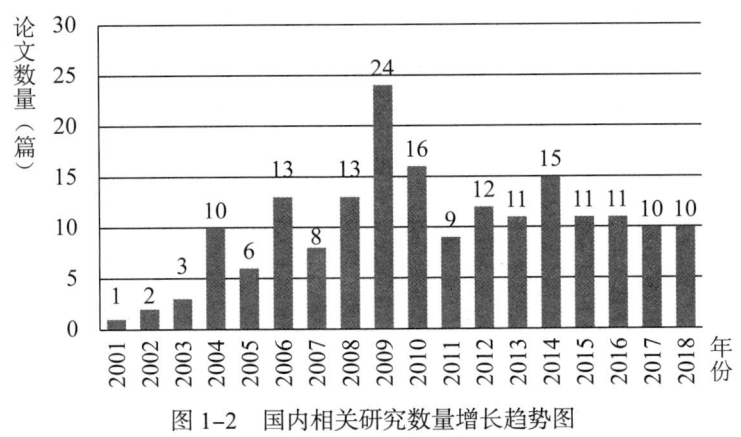

图 1-2　国内相关研究数量增长趋势图

二、核心研究机构分析

对 2001—2018 年以"网络信息采集与保存"为主题的论文作者机构情况进行统计（见表 1-2），结果表明共涉及研究机构 103 家，其中发文 11—20 篇的机构 2 个，发文 6—10 篇的机构 3 个。发文 2 篇以上的机构共计 20 个，所发文章约占文献总量的 56%。

表 1-2 2001—2018 年网络信息采集与保存主题论文的第一作者机构统计

各机构发文数量（篇）	机构数量（个）	共载文数量（篇）	所占比例
1	83	83	45%
2—5	15	45	24%
6—10	3	23	12%
11—20	2	35	19%
合计	103	185	100%

进一步分析这些研究机构（见表 1-3），可以看出图书馆在该领域中占据重要地位，如国家图书馆、中国科学院文献情报中心（国家科学图书馆）、武汉大学图书馆等。

表 1-3 2001—2018 年网络信息采集与保存主题论文的作者机构分布一览表

序号	机构名称	发文数量（篇）	百分比
1	中国科学院计算技术研究所、中国科学院文献情报中心（国家科学图书馆）、中国科学院大学	20	10.81%
2	国家图书馆	15	8.11%
3	武汉大学信息管理学院、武汉大学软件学院、武汉大学数学与统计学院、武汉大学图书馆	9	4.86%
4	河北大学	8	4.32%
5	湘潭大学、湘潭大学图书馆、湘潭大学公共管理学院	6	3.24%
6	苏州大学	5	2.70%
7	齐齐哈尔医学院	5	2.70%
8	中山大学	5	2.70%

续表

序号	机构名称	发文数量（篇）	百分比
9	中国人民大学	4	2.16%
10	吉林大学	4	2.16%
11	西南民族大学	3	1.62%
12	华中师范大学	3	1.62%
13	北京师范大学图书馆、北京师范大学数字图书馆技术研究中心	2	1.08%
14	南开大学	2	1.08%
15	黑龙江大学	2	1.08%
16	对外经济贸易大学	2	1.08%
17	四川大学	2	1.08%
18	郑州大学	2	1.08%
19	曲阜师范大学	2	1.08%
20	南京大学	2	1.08%
	合计	103	56.00%

注：此表仅列出发文数量前 20 位的机构。

三、研究内容分析

对 2001—2018 年以"网络信息采集与保存"为主题的论文以中图分类法情况进行统计，对于有 2 个分类号者以第一个为统计源（见表 1-4），可以看出论文分类相对集中，以 G250 类图书馆学的论文最多（82 篇），约占论文总数的 44.32%，毋庸置疑，信息保存确实是图情机构的聚焦点之一。其次是 TP393 计算机网络类的论文，共计 25 篇，约占论文总数的 13.51%，因为网络信息保存的特殊性使得它在实践中与计算机科学有交叉。另外，还有少量 D 类文献，是从法律角度对网络信息保存提出的思考，说明知识产权和职业伦理越来越成为一个不可回避的问题，这方面的研究还有待加强。

表 1-4　2001—2018 年网络信息采集与保存主题论文的中图法分类统计表

中图法分类目	论文数量（篇）	百分比
G250 图书馆学、情报学	82	44.32 %
TP393 计算机网络	25	13.51%
G203 信息管理	16	8.65%
G270 档案学	13	7.03%
G259 世界各国图书馆事业、信息事业	8	4.32%
G354 情报检索	5	2.70%
TP311 程序设计、数据库、软件工程	5	2.70%
TP391 信息处理（信息加工）	4	2.16%
TP274 数据处理、数据处理系统	4	2.16%
G353 情报资料的处理	4	2.16%
G279 世界各国档案事业	2	1.08%
G253 信息资源建设	2	1.08%
D923 民法	2	1.08%
G230 出版工作理论	2	1.08%
G258 各类型图书馆、信息机构	1	0.54%
G251 图书馆管理、信息工作管理	1	0.54%
G255 各类信息资源工作	1	0.54%
G210 新闻学	1	0.54%

续表

中图法分类目	论文数量（篇）	百分比
TP33 电子数字计算机	1	0.54%
TP368 各种微型计算机	1	0.54%
D913 民法	1	0.54%
D956 各国法律	1	0.54%
D523 行政管理	1	0.54%
G276 特种档案工作	1	0.54%
O157 组合数学（组合学）	1	0.54%
合计	185	99.97%

注：因四舍五入问题，合计非 100%。

四、论文的主题分布

关键词反映了研究成果的核心内容，在统计过程中，"网络信息采集""网络信息收集""信息采集""网页采集"等这些词汇有交叉之处，故合并统计，以某年度每个关键词出现的次数占当年论文关键词总数的百分比作为该年度该关键词的词频值。表 1-5 中的主要概念解释如下：

有效关键词：在统计过程中，根据研究需要，对有交叉之处的关键词进行合并统计，如"信息采集""信息收集"做同义处理。

词频：为消除表述差异和不同年份的关键词数量的波动造成的影响，以某年度每个关键词出现的次数占当年论文关键词总数的百分比作为该年度该关键词的词频值。

表 1-5　2001—2018 年网络信息采集与保存主题论文的高频关键词

2001—2003 年（有效关键词 17 个）		2004—2006 年（有效关键词 100 个）		2007—2010 年（有效关键词 204 个）		2011—2014 年（有效关键词 158 个）		2015—2018 年（有效关键词 149 个）	
关键词	词频	关键词	词频	关键词	词频	关键词	词频	关键词	词频
网络信息、信息资源、网络资源、网络信息资源	23.5	网络信息保存、长期保存	21	长期保存、Web Archive	24.51	网络信息保存、Web Archive	29.11	Web Archive、网络存档	22.82
信息采集、收集	23.5	网络资源、信息资源	18	网络信息资源	14.22	网络信息、数字信息	10.13	网页、网络信息	5.37
信息资源建设、资源组织管理、原则与方法	17.7	网页采集、网络信息收集	9	政府网站、政府信息资源	1.47	信息采集、web采集	5.70	网络信息采集、信息采集	6.04
网络、因特网	11.8	网络、互联网	4	国家图书馆	0.98	政府信息资源	1.27	网络爬虫、Heritrix、采集工具	4.03

续表

2001—2003年（有效关键词17个）		2004—2006年（有效关键词100个）		2007—2010年（有效关键词204个）		2011—2014年（有效关键词158个）		2015—2018年（有效关键词149个）	
关键词	词频	关键词	词频	关键词	词频	关键词	词频	关键词	词频
超媒体信息库	5.88	国家图书馆	2	开源软件	0.98	PANDORA项目	1.27	在线社交媒体档案库、推特	2.68
集群系统	5.88	呈缴本	1	呈缴本制度	0.49	信息挖掘	0.65	研究现状、综述	2.01
BFS	5.88	PANDORA	1	版权问题	0.49	IIPC	0.65	文化遗产	1.34
多线程	5.88	美国国会图书馆	1	完整性采集	0.49	存档权	0.65	大数据	1.34
		元数据	1	定向爬虫	0.49	隐私权保护	0.65	云存储	1.34
				选择性采集	0.49	著作权	0.65	资源利用、资源开发	1.34
				著作权法	0.49	法定缴存	0.65	质量控制	0.88

表 1-5 的数据显示，2001—2003 年的相关研究中，网络信息采集开始成为研究的热点。2004—2006 年"网络信息保存""长期保存""长期存取"成为关注的焦点，图书馆是该领域的研究主力，如国家图书馆。与此同时我国也开始了对国外经验的借鉴，如澳大利亚的 PANDORA 项目、法国国家图书馆和美国国会图书馆的网络存档项目。

2007—2010 年我国开始关注政府网站资源，并进行了采集策略的研究。版权问题被提上了网络存档的议事日程，出现了"呈缴本制度"的方案；"定向爬虫"是对采集工具的具体尝试。这几年是相关研究最为蓬勃发展的时期，采集策略有所细化，如出现"完整性采集""选择性采集"等关键词。此外，"Web Archive"首次以关键词形式出现，整合了此前出现的因为译名和表达的差异所造成的模糊状况。

2011—2014 年继续对长期保存的策略进行重点研究，Web Archive 的概念已经普及使用，还提到了存档格式 WARC。对相关法律问题进行了更细致的探讨，如存档权、隐私权保护、著作权等，一方面说明网络资源生产者已经有了版权保护的法律意识，另一方面也体现了采集机构对这些问题的谨慎思考。"法定缴存"概念的提出即是对此前"呈缴本制度"的一种补充。

2015—2018 年对网络采集工具加大了研究力度，比较常见的工具是开源软件 Heritrix。对于社交媒体的采集也提出了不少尝试，体现了网络信息采集在实时信息保存方面的优势。"研究现状"作为关键词的出现，表明研究者已经开始对工作进行阶段性的总结，有意识地厘清目前的问题，为今后的发展提供借鉴。

第三节 国内外理论研究评述

网络存档研究由西方发达国家率先发起，他们在理论和实践方面一直走在前沿，并得到了图情文博领域等乃至政府的高度关注和参与，目前呈现出研究与实践相结合、多学科多机构协作的趋势。技术层面来说，目前比较成熟的软件工具包括国际互联网保存联盟开发的基于网络信息存档的工具包、欧洲网络存储图书馆（Networked European Deposit Library，NEDLIB）开发的 Harvester 软件、英国国家图书馆和 SUN 公司共同研发的网络采集软件 The Web Curator Tool（WCT）等，这些开源软件为我国网络采集的实践奠定了良好的基础。近年来，随着研究的深入，国际上建立一个统一标准的网络存档机制的呼声也越来越高，虽然技术实现上还有诸多困难，但已有相关项目开始探索这种存档机制。

国内的网络存档研究起步较晚，目前已进入相对稳定并持续发展的阶段。比较有代表性的是国家图书馆的"网络信息资源采集与保存实验项目"（WICP）、北京大学的"Web 信息博物馆"等，它们对网络数据进行收集、存储和回放。对于采集技术的研究主要集中在这几个方面：面向主题的网络信息采集、分布式网络信息采集、基于元搜索的信息采集、多技术结合的信息采集等。

通过对相关研究的梳理，可以看出我国网络信息采集研究已经进入平稳期，但仍存在一些不足。首先，如何控制采集信息的质量、资源元数据的著录等都是关系到信息有效利用的关键问题。目前网络采集信息的质量主要是从采集内容的人工选择和采集过程的人工控制两个方面来把关，耗费人力且不免挂一漏万。其次，国内的网络信息采集还只是停留在少数机构的内部实验，采集资源有待于投入实际应用。因此，设计整个工作流程，确定各环节采用的标准是目前研究的重点。再次，社交网络的出现向网络信息采集提出了新问题，即如何从繁杂的用户生成内容中发现有价值的信息并归档保存，这是业界不可回避的问题。

最后，与国外相比，我国的网络存档已经开始获得社会及业界的重视，但资金和人力支撑较为紧张，这直接影响到我国采集策略的执行，比如是选择性采集而不是全采。投入不足也限制了我国及时学习国外先进经验的能力。随着各国对网络资源保护工作的大力推进，我国有必要加快专业人才的培养，并建立资金投入的长效机制。

第二章　网络信息采集与保存的实践分析

第一节　国外实践分析

网络信息长期保存项目已受到国外各主要发达国家的重视，各国纷纷开展相关研究。本书主要调研了国际互联网保存联盟（IIPC）、美国国会图书馆的 MINERVA 项目、澳大利亚 PANDORA 项目、日本国立国会图书馆的 WARP 项目、英国 UKWAC 项目和法国国家图书馆网络档案项目。

一、国际互联网保存联盟的相关实践

1. 基本情况

2003 年 7 月，美国、加拿大、英国、法国等国家的 12 个机构联合成立了国际互联网保存联盟，这些机构涵盖世界上著名的图书馆、档案馆、大学、非营利组织以及商业服务供应商，成员机构的多元化极大地促进了国际上关于网页存档的合作和交流共享，对全球网络信息资源保存的建设与发展起到了非常重要的作用。联盟采用平等的合作机制，促进成员馆之间的互通协调和技术讨论，由成员馆和相关机构共同分担经费，在系统结构元数据建设和标准规范等方面取得了一系列重大进展，帮助各国图书馆完善了网络资源采集和检索技术的开发，以及相关开源软件的发布。

国际互联网保存联盟的主要目标是促进全球的网络信息资源合作，

保证网络资源的开放存取，对重大事件的网络信息资源进行保存，从而完善全球的文化遗产保护机制，通过发布开源的通用工具和技术标准，促进网络保存体系在全球的应用与发展，并完善网络信息采集、保存与开放获取的法律制度和相关体系，鼓励图书馆、博物馆和其他文物保存机构积极参与到网络数字资源的收集和保存中来。

2. 工具与软件

国际互联网保存联盟主要研发网络信息采集工具以及软件，特别强调各工具和软件的开源性。目前已经发布了涉及网络资源采集、保存、检索和利用等几个方面各种不同类型的开源软件。

信息采集获取工具。国际互联网保存联盟开发的一个重要的信息采集获取开源软件就是 Heritrix，支持对复杂的爬行定义和信息过滤，具有丰富的可配置性功能，可设置抓取信息的频率，例如每天、每周或每月。采用优先广度算法抓取完整和精确的站点内容，并进行深度复制，同时针对相同的 URL 链接，可实现多个版本重复保存。在应用程序开发时采用了模块化的设计，用户可选择不同类型的适用模块，包括核心软件和插件模块，以相互配置的形式，完善整体开源软件布局。核心类配置不能够被替代，但插件模块可由第三方其他模块进行取代，从而给用户提供了更多个性化的选择，不同机构也根据各自的实际情况定制插件模块，保证大规模网络存档可用性。目前北欧、亚洲等很多国家图书馆都采用了 Heritrix 的采集工具，并取得了较好的效果。

信息管理工具。IIPC 提供的采集相关工具包括 Building Collections on the Web（BCWeb）、CINCH、NetarchiveSuite、Web Curator Tool（WCT）。其中 BCWeb 是一个允许图书管理员来定义选择性收割（正在进行的和主题事件）的管理工具，主要由法国国家图书馆负责运营和维护。NetarchiveSuite 和 WCT 都是通过底层调用 Heritrix 进行资源采集的。其中 NetarchiveSuite 是一个可以让图书管理员定义和控制网络材料收割的管理工具，支持主题采集、选择性采集和国家顶级域名采集；WCT 主要用于实现选择性采集，支持图书馆和其他收藏机构管理网络信息收割过程，并且支持非技术用户对收割过程实现完全控制。

存储保管工具。在存储和保管工具方面，IIPC 提供了 Java Web Archive Toolkit（JWAT）、SiteStory、WARCTools 等 9 个相关的工具。这些工具主要用于对采集的数据进行格式转换、内容抽取、内容识别验证。

存档格式。数据的封装有 AFF、ARC、WARC、ZIP 等格式。其中 WARC 格式是运用较为广泛的存档格式，它在平台独立性、易用性、支持更新、标准化、开发性等 8 个方面均占优势，更适合对网络资源进行长久保存。

获取检索工具。IIPC 提供的获取检索工具主要有 Time Travel Portal、NutchWAX、WaybackMachine 等，其中使用最广泛的为 WaybackMachine。该工具主要由互联网档案馆研发，集索引、摘要、呈现等多种功能于一体，可实现 WARC 文档的增量索引，并提供基于 URL 的检索访问 WA 资源的服务。

二、美国的 MINERVA 项目实践

1. 基本情况

美国国会图书馆从 1998 年开始进行网络信息采集项目研究，组织数字资源战略顾问委员会制定网络信息采集的数字资源战略和发展规划。2000 年，美国国会通过法案，决定实施"国家数字信息基础设施和保存计划"（National Digital Information Infrastructrue Preservation Program，NDIIPP），美国国会图书馆从 2000 年开始启动 Mapping the Internet Electronic Resources Virtual Archive（MINERVA）项目。该项目在运行初期对 35 个网站进行了归档，后来随着不断的发展和扩大，发展成为国会图书馆持续性的网络信息存档项目，也被称为美国国会图书馆的网络信息存档项目（The Library of Congress Web Archives，LCWA）。

从项目采集存档内容来看，该项目的内容选择与美国的政治、外交

活动密切相关，整体偏重选举活动。美国国内方面，重点关注本国政治、法律、组织团体，辅以军事史、历史文化、考古、移民、科技、教育；国外方面，关注南亚、东南亚、南美洲、中东地区国家的政治活动以及宗教重大事件。

在保存内容类型方面，美国国会图书馆网络信息存档项目除保存普遍类型的网站和网页外，还保存博客、期刊类日志、音频视频、电子邮件及数字化展览类网站。这说明该项目在技术上对较难采集与保存的内容类型有所尝试，已有足够能力保存多类型网络信息。

MINERVA 项目的发展规划主要由两部分组成：一是建立规范化的网络信息采集体系，通过与图书馆、大学、档案馆、出版社、企业等机构的合作，共同制定全国范围的资源采集、保存战略；二是研究最新网络信息采集技术，鉴别濒临消失的网络信息资源，提高采集的方法和效率，同时，致力于对相关法律问题和知识产权问题的研究。

2. 采集策略

从世界范围来看，各国采取的网络信息采集策略有两种：一种是全面采集，即通过网络机器人和网络爬虫等自动搜索软件抓取各种网络资源，欧洲国家主要采取该种采集策略。全面采集的特点是保证采集的广度，节省了选择和鉴别网络资源的时间。另一种是选择性采集，即在采集之前制定采集标准和采集原则，明确何种网络资源更有价值，对符合评估标准的网络资源进行采集。选择性采集的特点是针对性高，保存的网络信息资源一般经过鉴定，可用价值较高，但花费时间和人力。目前澳大利亚、丹麦等国采用这种采集方式。

MINERVA 项目采用的是选择性保存的方式，美国国会图书馆制定采集标准和采集策略，其标准主要包括以下几点：

（1）满足美国国会和研究人员当前以及未来的信息需求 [1]；

---

① 赵俊玲.美国国会图书馆网络信息保存项目Minerva及启示［J］.图书馆建设，2005（5）:40-42.

（2）能够提供独一无二的信息资源；

（3）学术价值高；

（4）丢失风险大。

3. 网络资源存档

美国国会图书馆一般使用 HTTrack 软件对网页资源进行快照下载，从一个 URL 开始，复制网页中的所有链接，包括文本文件、图像文件、音视频等。对复制的所有链接文件都进行元数据存储，并定期更新元数据，由保存系统对文件格式、程序组成等进行定期跟踪，如果文件格式马上过时，系统会转换文件格式，经转换后的文件，将保存两份元数据文件，一份是最初版本，一份是经过转换格式后的版本。

4. 网络资源检索

MINERVA 项目的检索方式主要是目录检索，即通过 MARC 标引或 Dublin Core 检索的形式，美国国会图书馆使用 MARC21 和 AACR2 来建立文件，并使用 OCLC 系统进行编目。这种标引方法的缺点是没有特别标注 URL 地址，如果 URL 地址变化了，很难找到相应网页。

三、澳大利亚 PANDORA 项目实践

1. 基本情况

Preserving and Accessing Networked Documentary Resources of Australia（PANDORA）项目，由澳大利亚国家图书馆主导成立，现在已有超过 11 个地方图书馆和其他文化机构参与其中。该项目组建了全国范围的网络资源采集、归档系统，主要针对与澳大利亚相关的网络出版物、重要网站进行长期保存，其主要的保存内容包括：澳大利亚政府公开出版物、会议论文、电子期刊、教育机构重要出版物和重大社会类、政治类网站。

2. 采集策略

PANDORA 项目采用选择性采集作为其采集策略。该项目共有 12 个成员，除了澳大利亚国家图书馆，还有 11 个地区性图书馆和相关组织。

这 12 个成员共同制定采集规范，只采集规范中有列举的范围，对超出范围的链接一律不予采集，由于成员的地域性差别，其采集的侧重点也有所不同。该项目的采集规范对网络资源的种类和分类做了明确的规定，种类主要包括社会、政治、文化等领域，专题网站一般整站采集，大型网站一般采集具有文献内容的链接，比如出版物、报告、期刊等，专著要求一次性采集，连续出版物要求进行周期性采集。其采集内容的标准主要包括：

（1）与澳大利亚有关；

（2）与澳大利亚人有关；

（3）公众对该网络信息的关注程度；

（4）出版物有纸本文献或被权威机构认可等。

在统一制定 PANDORA 采集规范的基础上，12 个成员还根据本地区特点分别制定采集原则，制定不同的采集侧重点，对连续出版物也可制定不同的采集频率和采集周期。

针对采集到的网站和网页资源，PANDORA 项目开发了 PANDAS 系统，实现对采集资源的统一加工。成员的采集资格需要经过审核之后，才能开始采集工作，成员在采集过程中要严格遵守采集流程和规范，其工作流程主要包括：

（1）识别采集等级和采集主题；

（2）核查采集权限与许可；

（3）进行采集；

（4）对采集格式进行严格限定，常规格式只有 15 个类型，包括 HTML、PDF、TXT 等；

（5）质量检查与清洗；

（6）对采集资源进行归档；

（7）对归档资源进行元数据编目。

3. 网络资源存档

PANDORA 项目将存档资源主要存储在 DOSS 存储系统中，在 DOSS

系统中对资源进行备份，并将不同网络资源划分为三个等级：一是预存档数据。该部分网络资源属于持续性存储范围，其采集跨周期长，采集频率高。二是长期保存数据。这部分网络资源需保证长期保存，需要对其元数据资源进行备份保存。三是访问存档。其主要用于访问派生物①。对存档的资源也分为三种不同形式：一是 tar 格式保存，将初级采集的资源以 tar 的格式存储在 DOSS 系统中；二是备份 tar 格式存储，将初级采集的资源进行质量评估与检测，将通过检测的资源以 tar 的格式备份存储在 DOSS 系统中；三是元数据存储，在整理网页资源 HTTP 文件的基础上，将其源网页文件名进行保存，并对其进行资源编目，以 tar 的形式保存。

4. 网络资源检索

PANDORA 项目针对不同用户提供不同的指导性服务，将用户进行细分，主要针对出版商和研究者。为方便研究者的学术研究，PONDORA 项目组专门为每一个网页设立唯一标识符（URL），研究者可以在 PANDORA 系统中找到每个网页的 URL，从而在学术研究中可以直接标注 URL 地址，不用再担心网页的消失。为方便出版商和版权所有机构随时调取网页信息和方便资源提供，PANDORA 提供了 URL 申请服务，只需要提供版权机构名称、电话、发布日期和地点，就可以生成永久 URL，在检索过程中，登录 PANDORA 官方检索网站，输入 URL 代码就可以调取系统资源。

为更好地服务用户查询，PANDORA 项目设立官方网站 Trove②，对书目信息、网页、图片、电子报纸和音视频文件进行归档，可实现关键词检索、位置检索、URL 检索等，在高级检索栏中可以限定格式、语种、年份、主题等。

Trove 还实现了与雅虎、谷歌搜索引擎的合作，在雅虎、谷歌界面可

---

① 闫晓创.国外 Web Archive 项目对我国的借鉴和启示——以澳大利亚的 PANDORA 项目为例［J］.档案学研究,2012（5）:79-83.

② http://trove.nla.gov.au/website.

以搜索到 PANDORA 系统存储的网络资源，从而扩大了其传播范围。

四、日本 WARP 项目实践

1. 基本情况

日本国立国会图书馆，承担为国会提供服务的职能，广泛地收集和保存国内外的相关资料和信息，资料丰富，主要向行政机构、司法机构以及日本国民提供图书馆服务。2002 年，日本国立国会图书馆开始网络信息保存的实践探索，项目全称为 Web Archiving Project（WARP）。

日本国立国会图书馆为保障 WARP 项目的顺利实施，在前期就做好了相关法律工作，特别是推动了相关网络信息保存的法律法规制定。从 2002 年到 2007 年间，日本国立国会图书馆一直在积极搜集资料，向国会提出提案，要求将"网络出版物"列入呈缴制度的范围内，并于 2010 年推动《国立国会图书馆法》和《著作权法》的修订实施。《著作权法》规定日本国立国会图书馆在采集网络信息资源时不需要事先取得著作权人的许可，《国立国会图书馆法》规定必要时国会图书馆有权要求相关机构缴送指定内容的网络信息资料。新的法律制度的实施帮助了国会图书馆的 WARP 项目不断扩大，使大规模采集和整合发布成为可能。

2. 采集策略

WARP 项目采用的采集策略是选择性采集，首先严格限定采集范围，按照相关采集制度规定，WARP 项目的采集对象主要是公立机构网站，采集对象包括：国家机关（立法、行政、司法：包含地方支分部局等机构），独立行政法人，国立大学法人，特殊法人（日本银行、日本司法援助中心、日本年金机构等）；地方公共团体（包含法定的协议会）、地方公社[①]（如港务局、住宅供给公社、道路公社和土地开发公社等）[②]。除了

---

① "公社"指《公共企业体劳动关系法》中规定的公共企业体等。

② 陈瑜.日本国立国会图书馆网络信息资源采集保存项目介绍研究[J].图书馆杂志,2014（3）:91-94.

公立机构的网站，WARP 还采集私有机构或国际性组织的网站，机构的性质不同，采集数量和采集频率也不同：一般公立机构的采集频率为每月一次，私有机构和大学等相关机构的采集频率为每季度一次，在采集制度之外的机构采集频率为每年一次。

采集步骤为：

（1）确定采集对象；

（2）以 URL 网址为起点，对网页文件的所有链接文件进行复制，包括图片、文字、音视频资源；

（3）如国会图书馆无法实现自动采集，向相关机构发送协助请求，相关机构有义务向国会图书馆发送相关资料。

3. 网络资源存档

WARP 网络爬虫自动采集的网络资源会经过专门工作人员进行质检，质检内容包括：网页主题是否符合采集要求、网页资源是否完整、网页链接是否能够打开等。通过质检的数据会有专门工作人员对网页资源的 URL 地址、简介、出版商、语言、类型的内容进行编目，编目完成后通过 WARP 网站进行发布。

4. 网络资源检索

日本国立国会图书馆设置专门部门对 WARP 通过网络爬虫采集到的相关网络资源进行元数据编目，编目后的元数据资源在完成存储备份后可在 WARP 官网上公开阅览和检索。检索方式主要为关键词检索，还可以根据"领域""机构""时间"三个分类进行分类检索。除针对采集网页的检索外，日本国立国会图书馆还对相关的电子书、期刊、论文资源进行整合发布，从而更好地实现了数据挖掘与揭示。

日本国立国会图书馆还推出了专题性采集项目，每月发布一项专题网站采集项目，内容涉及当时日本的社会、经济、环境的热点问题，如设立了福岛核辐射等问题的专题。

五、英国 UKWAC 项目实践

1. 基本情况

英国网络信息保存项目开始于 2003 年英国颁布的《法定缴存图书馆法》(*The Legal Deposit Libraries Act*),规定英国国家图书馆、苏格兰国家图书馆、威尔士国家图书馆等多家机构在印刷材料和数字材料的共享上有归档权限。

2004 年英国正式启动英国网络信息保存计划(UKWAC),UK WEB ARCHIVE 网站也正式上线,其目的是对英国网站进行选择性保存,其主要参与成员包括:

英国国家图书馆(British Library)、英国国家档案馆(National Archives)、联合信息系统委员会(Joint Information Systems Committee,JISC)、苏格兰国家图书馆(National Libraries of Scotland)、威尔士国家图书馆(National Libraries of Wales)、韦尔科姆图书馆(Wellcome Library)[①],联盟的成员具有同等的网站保存权利,并共同制定采集策略、分享经验、承担风险。

2. 采集策略

UKWAC 项目的采集策略主要采用选择性保存,依托澳大利亚国家图书馆开发的系统 PANDAS 对采集资源进行保存。

从内容选择方面来看,UKWAC 联盟制定统一采集标准,但各成员的采集内容又有所偏重,基本的评估标准为:

(1)与英国相关;

(2)在线发布资源;

(3)没有印刷出版物形式。

各参与成员也根据各自领域不同,制定各自的采集评估标准,其选

---

① 徐健.英国网络信息保存联盟计划(UKWAC)及其启示[J].图书馆论坛,2007(2):81-84.

择标准如下：

（1）优先选择反映英国国家利益的政治、文化、社会和经济活动的网站；

（2）反映了英国人民的生活、兴趣和活动的网站；

（3）具有研究价值或属于研究兴趣的网站；

（4）反映网络创新的网站；

（5）包含"灰色文献"的网站，如简报、报告、政策声明以及短暂但意义重大的活动等信息的网站[①]。

各参与成员的选择标准各有不同，英国国家图书馆偏重搜集政治、历史、文化类信息，韦尔科姆图书馆偏重搜集医疗类资源，威尔士和苏格兰国家图书馆偏重涉及本地区社会、政治、文化类网络资源的搜集[②]。联盟成员还会共同建设特色专题资源，其主题主要包括当时的重大历史事件和政治事件，如英国大学、伦敦奥运会、伦敦恐怖袭击等专题。

从采集流程的方面看，UKWAC 的采集流程主要依照澳大利亚PANDORA 系统的运行流程，具体包括：

（1）网站筛选，联盟成员将站点元数据传入中央数据库。

（2）授权，统一传入数据库的元数据需要经过版权所有者的授权，UKWAC 项目成员通过邮件、网站宣传等形式，与版权所有者签订书面许可协议，书面许可协议保证了联盟成员对该网络信息资源的元数据所有权。

（3）内容获取，采用澳大利亚 PANDORA 系统，使用 HTTrack 进行快照下载存储，从 URL 地址开始，对网页中的所有文本、图片、音视频资源进行复制；增设"交通灯"功能，通过子系统显示系统空闲工作能力。

---

① UK WEB ARCHIVE. About us［EB/OL］.［2019-07-20］. http://www.webarchive.org.uk/ukwa/info/about.

② 王德恒，关晓红.中国公共图书馆可持续发展的经济模式研究［J］.图书馆理论与实践,2005（2）:81-85.

（4）UK WEB ARCHIVE 与新西兰国家图书馆和英国国家图书馆联合开发了 Web Curator Tool 工具，使用 Heritrix 爬虫软件进行网页抓取。

3. 网络资源存档

UKWAC 各成员在采集到相应网页资源后，会对所有网页资源进行质检，质检合格且无版权问题的网页资源会分类进行编目，首先对编目资源赋予永久唯一标识符 URL 地址，再对网页资源进行分类、归档，所有的 URL 地址都可以进行检索，方便查找定位。

4. 网络资源检索

英国 UKWAC 项目的官方检索网站为 UK WEB ARCHIVE[①]，其保存的各类英国网站可以免费检索和浏览、利用。

搜索功能提供全文搜索和标题搜索两种，搜索结果按照时间顺序排列，文本文件、图片文件和视频文件可分类展示，搜索引擎为 Lucene，为了保证采集保存的网页与原网页不冲突，搜索引擎并没有关联谷歌、雅虎等搜索网站。

UKWAC 的资源展示页面清晰明了，将所有采集到的网页分为七大类，包括：人文艺术类、经济商业类、科研教育类、政治法律类、医学健康类、科学技术类、社会类。除此之外，UK WEB ARCHIVE 的页面可视化展示功能非常先进，有 N-gram 图表展示、3D 墙、标签云等动态展示方式。

六、法国国家图书馆网络档案项目实践

1. 基本情况

2010 年起，法国国家图书馆的网络档案项目自主全面采集以".fr"和".nc"（NewCaledonia）结尾的法国主域名和所有在法国生产、出版发行或者发行商在法国的网上资源。法国国家图书馆与法国网络资讯中心签订合约获取以".fr"为结尾的域名网站。以".nc"（NewCaledonia）为

---

① http://www.webarchive.org.uk/ukwa/.

结尾的域名来源于新喀里多尼亚通信办公室。2012 年存档超过 200 万个域名，每个域名通常有 1 万个 URL 或文件。

2. 采集策略

法国国家图书馆从美国互联网档案馆获得了 1995 至 2004 年的档案数据，2004 至 2009 年与互联网档案馆开展为期 5 年的合作存档，全面存档法国主域名。

除全面存档法国域名外，还结合领域、主题、事件主题存档。进行网站种子选择的共有 80 多位图书管理员和 20 多家外部合作伙伴，如地方图书馆、研究实验室、学会和专业组织。所形成专题的大部分知识领域与法国图书馆的百科全书一致。每个域名下的 URL 可达数十万个。事件类专题有法国大选 2002、2004、2007 及 2009 年欧盟选举等。存档内容类型有网络日记、博客、文学网站、记录网络社会史的进步网站等。

3. 发布与检索服务

法国国家图书馆的项目也通过 Wayback Machine 展示存档网站，支持网址检索及部分全文检索。

七、启示

我国整体的网络信息保存研究和实践起步晚，在人力投入、技术开发和经费预算等方面与发达国家还存在一定差距，本书通过介绍国外网络信息保存实践项目，希望能够总结相关经验，为今后工作和研究的开展提供启示和借鉴。

1. 建立合作的网络信息保存责任体系，并将其上升为国家战略

网络信息保存项目是一个长期且投入巨大的项目，初期往往无法获得较多的商业回报，其更多的是偏向公益属性，只有上升为国家战略，才可以保证稳定的经费来源。同时应加强宣传，让企业和公众了解网络信息存档的重要性和价值，增加融资渠道，设立相关基金支持项目等。

针对网络信息采集的合作机制，目前国外主要有三种合作机制：责

任集中式合作，以一个机构为主导，制定采集策略和提供技术支持；责任平等式合作，机构成员统一协作，共同制定采集标准，并由不同机构负责不同地域和主题的采集；责任分散式合作，形成较自由的联盟，定期交流采集情况并进行技术分享。

目前我国的网络信息采集机构主要是国家图书馆、中国网页信息博物馆和北京大学等，缺乏一定的联盟性和体系性。政府和各级图书馆应该行动起来，利用科学方法计算采集工作量，对主题采集进行规范和分工，从而保证采集工作的全面性和覆盖面。借鉴国外经验，我国的网络信息保存实践应根据各图书馆、档案馆和各级高校的行政地位、职权和采集特色、技术水平，制定合理的合作机制。

国家图书馆肩负着保存文化遗产、保存国家重大信息资源的责任，澳大利亚、日本、美国的网络信息采集联盟也都是以国家图书馆为核心和主导。目前，中国国家图书馆在采集流程和技术上已经具备一定经验，未来可考虑建立一套以国家图书馆为主导的采集联盟，联合各地市级图书馆和档案馆、博物馆、各级高校等机构，统一制定采集策略，共同开展网络信息采集与保存工作。同时，可与各国图书馆建立合作关系，联合采集国际网站和国际出版物。

2. 建设网络信息保存法律体系

目前部分网络信息资源属于知识产权的范围，而相关的法律也并未对此进行详细的界定，这就给网络信息资源的采集带来了很大的难度。目前，日本已经有相关立法，保障国家图书馆有接受网络资源法定呈缴的权利，以国家法律的形式指定相关机构定期呈缴相关数字资源。我国也应对《出版管理条例》等系列呈缴相关规定进行修订，将现有出版物样本缴送制度的调整范围扩大至网络出版物，围绕缴送范围、缴送方式、缴送期限、缴送格式、利用条件等问题进行详细的制度设计，推动对《中华人民共和国著作权法》《信息网络传播权保护条例》等版权法规的修订，允许具有保存国家文化遗产职责的法定保存机构对公开开放的网络资源进行长期保存，并赋予其根据实际需要解除技术保护措施的权利，以及对缴送的网络出版物进行复制的权利。

3. 加大数据分析和开放技术的研发

在数据存储和长期保存方面，应学习和借鉴国外先进经验和技术，加强数据索引、访问的质量和水平，利用大数据软件实现数据挖掘，为政府组织、科研单位、国防机构等提供知识服务和决策支持，如利用云计算技术和并行数据库技术等实现海量数据离线或在线运算，提高数据处理效率；利用人工智能技术实现数据深度挖掘和关联；利用可视化技术制作新型可视化专题，提供交互功能。

第二节　国内实践分析

一、国家图书馆 WICP 项目实践

2003 年，国家图书馆开始专门研究网络信息采集与保存，"国家网络信息保存工程"（Web Information Collection and Preservation，WICP）立项。WICP 项目是依托国家图书馆，联合相关机构及行业专家，搭建网络信息采集平台，全面系统地采集和保存国内互联网信息资源，有重点地采集和保存国际网络信息；构建网络信息保存体系，实现网络信息资源的长期保存；建设数据分析中心，收集、整理、挖掘有价值的信息，为国家网络安全、信息化建设、社会经济发展提供服务和保障；建设完备的、适合我国国情的网络信息保存法律体系、创新体系和信息服务体系，推动我国网络安全与信息化科学、可持续发展。

WICP 项目的建设目标是利用自动采集和呈缴相结合的方式，对包括中国域名 ".cn" 的网络资源，".com" ".org" ".net" 域名登记的具有中国地址和电话号码的资源，以及涉及政治、文化、宗教、科学、经济和国

防军事类的国际网站信息资源进行采集。通过机器和人工方式对符合要求的信息 100% 建设管理元数据，包括主题、URL、出版者的详细信息、收集频率、存取条件等，实现分类索引等。

其主要建设内容包括以下几个方面：

1.建设一体化网络信息采集平台，构建较完整的网络信息采集、保存、分析和利用模型并启动建设

首期任务在 2015—2017 年完成，WICP 项目的采集策略是选择性采集，制订严格的采集标准和评估方案，有针对性地对相关网络资源进行采集，并通过机器和人工方式，实现对所有采集数据的编目和分类索引。

2.建设相对完善的保存中心

按照 EB（220TB）级容量的存储架构进行设计，为工程提供数据存储服务和数据空间支持。采集到的网络信息资源需经过严格质量检查，通过检验的资源将实现长期保存。数据按不同的用途保存两份，一份提供利用（称为"流通本"），按照大数据处理要求生成结构化或非结构化数据，对资源进行整合，用于检索、大数据分析与信息挖掘等服务；另一份作为存档（称为"保存本"），开展质量检查并设置存取相应权限，赋予数字对象唯一标识符，按照国际长期保存标准，包括仿真、迁移等技术手段实现网络信息资源的长期保存。

3.建设高效的数据分析中心

利用大数据挖掘技术和人工智能技术对数据进行关联分析和深度挖掘，再通过国家图书馆的网络信息保存专题页面实现发布与检索，提供交互功能，提升服务品质。

4.推动相关网络信息保存法律体系的完善

推动对系列呈缴相关规定进行修订，争取将缴送范围由传统出版物样本扩展至网络出版物，并对缴送时间、缴送方式和格式规范等进行详细限定。

推动对《中华人民共和国著作权法》《信息网络传播权保护条例》等

版权法规的修订，争取将互联网上向公众开放且无获取限制的网络资源，允许具有保存国家文化遗产职责的法定保存机构采集并进行长期保存，并赋予其根据实际需要解除技术保护措施的权利以及为了长期保存的目的对缴送的网络出版物进行复制的权利。

二、中国科学院文献情报中心 Springer 项目实践

2009 年，中国科学院文献情报中心开始开展相关网络资源长期保存服务，与 Springer 科学商业媒体集团签署协议，向中国科学院相关订阅用户提供 Springer 数据库的检索获取服务，2011 年，两家机构的合作范围扩展至高校数字图书馆，建立网络信息长期保存的采集联盟。

三、北京大学 Web InfoMall 项目实践

北京大学的网络信息采集项目"Web InfoMall"来源于该校信息科学技术学院在"973"和"985"项目支持的"北大燕穹海量网络信息的收集、组织与服务平台"项目。该项目于 2002 年启动，目前已存储近百亿的历史网页，2008 年开始主要对少数新闻类网站及教育网站进行过较为完整的搜集，但当前网页搜集工作已停止。在数据存储方面，有自主建设的非常稳定的系统，目前采用的双份冗余可以实现存储更大规模的数据。

该项目取得的技术成果和应用成果主要包括：系统地研发了一套网络资源的高效收集技术、海量资源的组织与处理技术，以及针对海量信息资源服务的查询和检索技术。通过多种技术的充分集成，每天能收集 500 万篇网页，亿级网页的查询响应能力可达秒级。北大燕穹海量网络信息的收集、组织与服务平台包含有三个相互关联的应用子系统：

（1）带有网页分类和查询动态分类的搜索引擎；

（2）支持网页历史回放的网页仓储；

（3）支持目录查询和文件名关键字查询的综合数字资源库。

该项目的启动与同为北大信息科学技术学院网络所北大天网搜索技术的研发有着密切关系。北大天网是第一家提供网页索引搜索服务的公司，在 1997 年正式向用户提供线上信息搜索服务。

Web InfoMall 项目采用网络爬虫技术对网页进行抓取，为防止 URL 对应网页的变化，采用重复采集的策略，每隔固定时间就回溯采集网页，网页资源分不同时间段、分批次导入系统，保证抓取网页的持续更新。

Web InfoMall 项目的建设内容主要分为两个部分。一是历史网页存储，采用爬虫软件搜集静态网页，对静态网页进行存档。二是回放功能，即可以通过检索的方式实现对历史资源的回放，浏览历史网页信息。

Web InfoMall 项目还专门设立专题采集，对重要的历史事件实现回放浏览，如设立了"非典"专题、奥运会专题、中国载人航天飞行专题等，对重大事件类采集采用"时间点＋关键词"的形式标注，方便信息的共享与开放利用。

Web InfoMall 项目的检索页面为 http://www.infomall.cn/，在检索界面中设有网页回放、事件搜索和数据分享等功能，通过输入 URL 网址的方式，可以快速查找历史网页信息，还可以选择不同版本的网页资源进行浏览。专题性网页除了可以浏览相关历史网页记录，还可以看到相关的历史事件回顾和评论。

四、国内实践小结

1. 研究意识不断加强

随着对网络信息保存重要性认识的不断增强，学者和相关机构对网络信息采集和研究的主动性也在不断加强，从最初仅对国外项目经验的介绍，逐渐发展到自主研发和创新。例如：网页采集算法研究中，胡国平等提出了基于双层决策的新闻网页正文提取方法[①]等；在实践中，国家图书馆的网络信息采集项目针对不同采集对象使用不同类型的采集工具，实现不同语种、格式的网络信息的有效采集，保证网络信息采集的全面性和准确性。

研究和实践从被动走向主动，标志着我国对网络信息采集的研究更加丰富，实践的层次更加深入。

2.初步建立网络信息采集一体化流程

我国目前的采集策略主要采用选择性采集策略，通过采集方案的制订和采集专题的制作，保证采集到的网页完整、有意义。

国家图书馆的网络信息保存项目保证了采集流程的规范化，在采集频率、采集策略、保存格式等方面制定了严格的行业标准，有效保证网络资源的完整性和长期可获取性；对采集到的网络信息资源通过严格质量管理实现长期保存。数据按不同的用途保存两份。通过数字对象唯一标识符，保证资源的唯一性。严格按照国际长期保存标准，采用包括仿真、迁移等技术策略，有效实现网络信息资源的长期保存。因此可以说，国家图书馆已经初步建立起一体化的采集平台和较为完善的网络信息保存体系，是国内公共文化机构中进行网络信息采集、保存和服务最完整的范例。

---

① 胡国平,张巍,王仁华.基于双层决策的新闻网页正文精确抽取[J].中文信息学报,2006(6):1-9,103.

第三章 中文网络信息存档格式和元数据标准的确立

第一节 国际网络信息存档格式标准概述

国际互联网保存联盟（IIPC）是专门负责开发网络资源存档通用工具和技术标准的组织，其成员来自各大洲，在网络信息保存领域占有十分重要的地位。随着成员的增多，存档资源的数量急剧上涨。为了更好地支持资源的采集与利用，促进机构间的交流，提高资源的采集、存档与利用的效率与效果，IIPC 重点研究了 WARC 档案标准、Heritrix 爬虫、WARC 分析工具，构成全世界网络获取的标准工具[①]。对标准工具和规范的研究和实践是 IIPC 关注的重要领域。在标准规范领域最重要的研究成果是 WARC 网络存档文件格式标准，这是唯一一个通过国际标准化组织 ISO 认证的网络存档格式国际标准。

WARC 网络存档文件格式全称为 Web Archiving File Format，是网络存档资源文件格式。该格式标准的研究由 IIPC 资助，互联网档案馆等机构负责开发，于 2008 年开发完毕，被提交到国际标准化组织 ISO ST 40

[①] About IIPC［EB/OL］.［2017-02-17］.http://www.netpreserve.org/about-us.

委员会审核[①]，2009 年 5 月成为正式国际标准，标准号为 ISO 28500[②]。此外，互联网工程任务组（Internet Engineering Task Force，IETF）已登记 WARC 格式标准为请求注解文件（RFC），国际互联网代理成员管理局（Internet Assigned Numbers Authority，IANA）也即将登记 WARC 格式为"application/ warc"。

其应用范围如下[③]：

（1）存储来自主流互联网应用层协议（如 HTTP、DNS 和 FTP）的有效载荷内容和控制信息；

（2）存储与其他已存储数据（如主题分类器、发现语言、编码）关联的任意元数据；

（3）支持数据压缩，且保证数据记录的完整性；

（4）存储来自收割协议的全部控制信息（如请求标头信息），而不仅仅是响应信息；

（5）存储与其他已存储数据关联的数据转换结果；

（6）存储与其他已存储数据关联的重复监测活动（当相同或者大体相似的资源出现时，可以减少存储消耗）；

（7）在不中断当前功能的情况下进行扩展；

（8）支持对超长记录在所需处进行截断或分段操作。

WARC 格式是 ARC 格式的扩展。ARC 是互联网档案馆制定的用以存档网络爬行器（web crawlers）批量收割结果的格式标准。自 1996 年起，互联网档案馆和几个国家图书馆就开始使用 ARC 格式文件管理数以亿计的数据对象。按照从万维网上收割的内容块的顺序，用 ARC 格式

---

① 曲云鹏.网络存档文件格式 WARC 研究［J］.图书馆学研究,2014（24）:20-25,28.

② ISO 28500:2009 Information and documentation—WARC file format［EB/OL］.［2017-04-17］.https://www.iso.org/standard/44717.html.

③ ISO 28500:2009（en）Information and documentation—WARC file format［EB/OL］.［2017-04-19］.https://www.iso.org/obp/ui/#iso:std:iso:28500:ed-1:v1:en.

来存储"网络爬取内容"。ARC 文件内每个抓取内容都是以一行头标起始，这行头标简要描述收割的内容及其长度，标头后紧接着检索协议响应消息和内容。但是 ARC 格式在使用中还有很多不完善的地方，为了更好地满足网络资源存档的需要，IIPC 资助其成员对 ARC 格式进行了扩展。这个扩展格式就是 WARC。除了用 ARC 记录原始内容外，扩展的 WARC 格式还容纳相关的二次级内容，如分配的元数据、缩减的重复检测活动、后期转换及大型资源的切分等[①]。WARC 格式可以用作组织、管理和储存采集来自网络和其他地方数以亿计的资源的一种标准，以资源记录（resource records）为存储基本单位，每条记录包含文本式头标数据和数据块。WARC 使用简单的文本式头标数据描述资源的基本识别特征（例如收割对象的 URI、HTTP、FTP、NNTP、SMTP 等协议控制信息等）。WARC 文件格式的最主要结构和内容如下：

1. WARC 格式模型

一个 WARC 格式文件是一个或多个 WARC 记录简单串联的结果集。第一个记录通常用于描述后续的多个记录。每一个 WARC 记录应包含一个记录头标，后跟记录内容块和两个换行符（见图 3-1）。

warc-file = 1*warc-record；一个 WARC 文件至少包括 1 个 WARC 记录

warc-record = header CRLF

block CRLF CRLF；*每个 WARC 记录都包括头标和一个换行符，后面跟内容块和 2 个换行符*

其中：

header = version warc-fields；*头标通常包括版本和 WARC 字段*

version = "WARC/1.0" CRLF；*版本通常为"WARC/1.0"和换行符*

warc-fields = *named-field CRLF；*WARC 字段包括 0 个或多个命名字段和换行符*

---

① ISO 28500:2009（en）Information and documentation—WARC file format [EB/OL].[2017-04-20].https://www.iso.org/obp/ui/#iso:std:iso:28500:ed-1:v1:en.

block= *OCTET；内容块包括0个或多个OCTET；OCTET是指任意8位的数据序列 named-field= field-name "："［field-value］；命名字段为字段名"："［字段值］

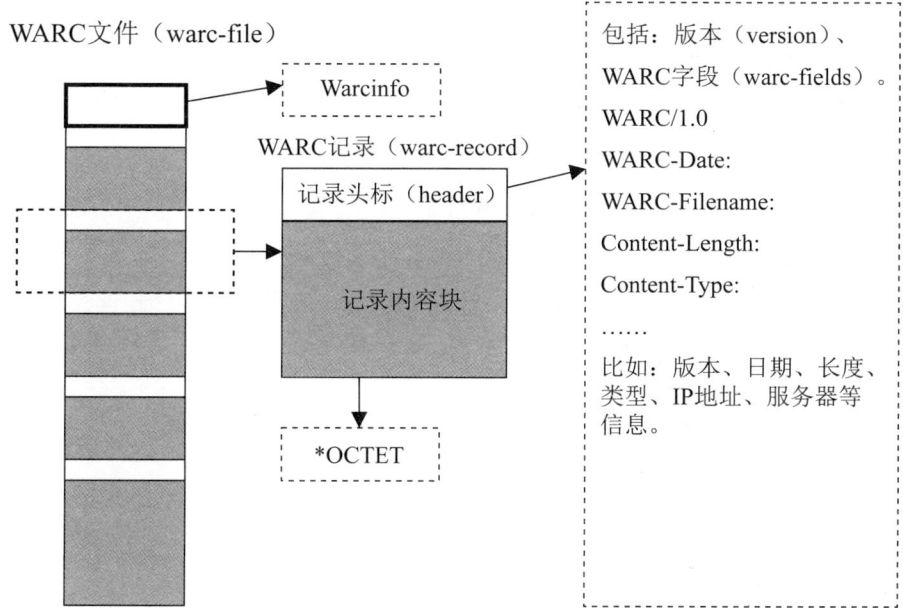

图 3–1　WARC 文件总体结构示意图

2. WARC 模型的组成部分

（1）Warcinfo

通常情况下，一个 WARC 文件是以"Warcinfo"记录开始的，该记录描述了跟在其后、直到文件结尾、输入结束或者直到下一个"Warcinfo"记录之前的那些记录。它出现在 WARC 文件的开始位置，且仅出现一次。有时为使 WARC 文件顺序连接成一个更大的有效 WARC 文件，"Warcinfo"记录也可出现在 WARC 文件的中间。对于网络档案来说，"Warcinfo"通常包含了后续记录的网络采集的基本信息，比如以下字段：software、ip、hostname、format、conformsTo、operator、isPartOf、description、robots、http-header-user-agent、http-header-from 等。

Warcinfo 示例：

WARC/1.0

WARC-Type: Warcinfo

WARC-Date: 2017-03-28T02: 20: 02Z

WARC-Filename: NLC-20170328022002-00000-gtweb11.warc.gz

WARC-Record-ID: <urn: uuid: 45713931-0700-4439-82f3-5b7e8c39

f368>

Content-Type: application/warc-fields

Content-Length: 422

software: Heritrix/1.14.4 http://crawler.archive.org

ip: 192.168.182.53

hostname: gtweb11

format: WARC File Format 1.0

conformsTo: http://bibnum.bnf.fr/WARC/WARC_ISO_28500_version1_

latestdraft.pdf

Operator: Admin

isPartOf: 07yuanxiao2017-d-001

description: events

robots: ignore

http-header-user-agent: Mozilla/5.0（compatible；heritrix/1.14.4 +http://

webarchive.nlc.gov.cn）

http-header-from: quyp@nlc.gov.cn

（2）记录头标区

记录了 WARC 记录的管理信息及环境信息。涉及的字段，如记录标
识符、记录类型、创建时间、内容长度和内容类型。

WARC 记 录 定 义 了 8 个 记 录 类 型（record-type）：WARC 信 息
（Warcinfo）、响应（response）、资源（resource）、请求（request）、元

数据（metadata）、再访（revisit）、转化（conversion）和附加部分
（continuation）。

（3）记录内容块

记录头标后面是记录内容块，用以保存本 WARC 记录的网络资源内
容，是构成 WARC 记录的主体部分。

WARC 记录类型为 response 示例：

WARC/1.0

WARC-Type: response

WARC-Target-URI: http://news.xinhuanet.com/2017-02/11/c_1120449518.
htm

WARC-Date: 2017-03-28T02: 20: 06Z

WARC-Payload-Digest: sha1: SLFLX2WYO4HYQI6M7F6IFDL7QX6JL
DTV

WARC-IP-Address: 111.202.73.167

WARC-Record-ID: <urn: uuid: 8c54b33e-d3b1-479d-b57d-
bce976263ff7>

Content-Type: application/http；msgtype=response

Content-Length: 18241

HTTP/1.1 200 OK

Date: Thu, 16 Mar 2017 00: 11: 15 GMT

Content-Type: text/html

Last-Modified: Sat，11 Feb 2017 08: 59: 38 GMT

Vary: Accept-Encoding

Accept-Ranges: bytes

Content-Length: 17880

Expires: Thu, 16 Mar 2017 00: 12: 15 GMT

Age: 1042374

Powered-By-ChinaCache: HIT from 06015933WS.1

Powered-By-ChinaCache: MISS from 060010E3gI.1

Connection: close

……此处为记录内容块

<!DOCTYPE html>

<html>

……

记录类型为 request 示例：

WARC/1.0

WARC-Type: request

WARC-Target-URI: http://news.xinhuanet.com/2017-02/11/c_1120449518.htm

WARC-Date: 2017-03-28T02: 20: 06Z

WARC-Concurrent-To: <urn: uuid: 8c54b33e-d3b1-479d-b57d-bce976263ff7>

WARC-Record-ID: <urn: uuid: 24506f6f-8011-4ba3-a0d0-199976c8797c>

Content-Type: application/http；msgtype=request

Content-Length: 198

GET /2017-02/11/c_1120449518.htm HTTP/1.0

User-Agent: Mozilla/5.0（compatible；heritrix/1.14.4 +http://webarchive.nlc.gov.cn）

From: quyp@nlc.gov.cn

Connection: close

Host: news.xinhuanet.com

记录类型为 metadata 示例：

WARC/1.0

WARC-Type: metadata

WARC-Target-URI: http://news.xinhuanet.com/2017-02/11/c_1120449518.htm

WARC-Date: 2017-03-28T02: 20: 06Z

WARC-Concurrent-To: <urn: uuid: 8c54b33e-d3b1-479d-b57d-bce976263ff7>

WARC-Record-ID: <urn: uuid: e338a607-4f8f-4faf-90df-b99eee8e2cf7>

Content-Type: application/warc-fields

Content-Length: 4449

　　ARC/WARC 格式的优势主要体现在：元数据能够描述收割活动、资源来源、资源的多种版本、资源的节略或重复等特征，支持对资源内容的分割与整合，支持面向任务的资源内容重组与复原，支持外部索引和外部语义关联。但 WARC 格式也存在诸多不足，例如尚缺乏对删除行为、迁移过程和去重过程的记载等。它正处于快速的改良和发展中：IIPC 已制定出管理文件内容的综合、可扩展、高速的框架——Libwarc，并于 2008 年 10 月推出。Web Archive 服务机构 Hanzo 开发了使 ARC 向 WARC 转换的操作工具，可在第三方软件上运行。英国、法国、丹麦、瑞典、新西兰等国的国家图书馆正致力于 WARC 格式转换及相关 WARC 工具的第三阶段（PHASE III）研发和推广[①]。随着 WARC 格式的不断完善，其正成为 Web Archive 的主流存档格式。针对网络报纸存档所面临的实际问题，该格式相对其他格式而言具备更强的解决能力[②]。正因为

---

① 李睿,韩毅,郭世明.WARC格式对描述与组织网络收割结果的支持[J].图书馆理论与实践,2010(7):38-41.

② 李睿,郭世月.网络报纸资源存档格式对比及ARC/WARC格式选择[J].图书馆论坛,2010,30(4):78-80.

WARC 格式具有独特的优势，其逐渐成为国际主流的网络资源存档格式，并被 IIPC 作为成员单位的推荐资源存档格式。

第二节　国际标准在各国的应用情况

在 IIPC 的大力支持和推动下，各国的图书馆和档案馆等机构均将 WARC 格式标准作为本机构爬取的网络资源的保存格式，这对于行业资源的整合与共享起到了巨大的支持和促进作用。

德国国家图书馆确认了使用 WARC 格式的可行性，由欧洲若干国家图书馆（摩洛哥、捷克等国的国家图书馆）及若干研究机构汉诺威大学（University Hannover）、欧洲档案基金会（Europe Archive Foundation）等共同承担的当代网络资源存档项目[①]（Living Web Archives，LiWA）将 WARC 格式拟定为网络收割结果的存档格式，由伦敦大学计算机中心（University of London Computer Centre）和巴斯大学（University of Bath）共同承担的网络资源存档项目（Preservation of Web Resources，PoWR）着重参考了 ARC/WARC。丹麦皇家图书馆和丹麦国家与大学图书馆联合进行的 Netarkivet 项目使用 Heritrix 进行网络收割，存储 WARC 文件的系统 BitArchives 不久将达到 20TB 容量。法国国家图书馆的 Bnf Web Archive 项目一年间存档的 25 000 个 ARC 文件，对应于 50 万个主机和大于 1.2 亿个 URL。新西兰国家图书馆一年完成的收割任务中 76% 以 ARC 格式存档。新加坡国家图书馆每年进行 2 次大规模网络收割，存档 1.6TB 的 ARC 格式文件。芬兰国家图书馆的 Annual Web Harvest 项目采用 Heritrix 进行网络爬行，并且以 WARC 进行收割结果存档。德国国家图书馆总结了使用 METS 支持网络收割结果存档的利与弊，并提出了

---

① http://iwaw.europarchive.org.

使用 WARC 格式的可行性。荷兰国家图书馆计划将网络资源收割的结果以 WARC 格式存入 e-Depot 中。美国国会图书馆的 LOC/SDSC 项目共存档了 5.2TB 的 ARC 文件，平均每个文件的大小为 128MB，平均每个文件容纳 1000 个网页。澳大利亚国家图书馆的 PADORA 项目一年存档的 ARC 文件总量为 4.52TB。美国加州大学数字图书馆（CDL）的 Web-at-Risk 项目内置 Heritrix 作为收割软件，以 ARC 格式输出收割结果，并通过 NutchWAX 存取管理软件对存档的 ARC 文件建立索引。康奈尔大学的 Web Library 项目对数字图像和视频的收割结果进行了 ARC 格式保存，其中数字图像的 ARC 文件为 14.9TB，相应的元数据 DAT 文件为 0.84TB；视频的 ARC 文件为 7.36TB，相应的元数据 DAT 文件为 1.89TB。受 JISC 资助的 JISC-PoWR（Preservation of Web Resources）项目提出了"文档持续可访问、兼容元数据、符合开放档案信息系统（OAIS）模式、支持 Web2.0 资源"等存档原则，并着重参考 WARC 格式。意大利政府支持能源、环境、新技术等关系国家竞争力和可持续发展的代理平台——ENEA 网格，也使用 WARC 存档其网络收割的结果。

中国国家图书馆于 2007 年加入 IIPC 成为其正式成员，并与国际同行共同开展网络资源保存工作[①]。采集过程中，中国国家图书馆采用 IIPC 推荐的开源 Heritrix 软件工具进行网络资源采集，并将 WARC 国际标准作为网络资源存档格式。截止到 2018 年底，网络资源采集发布资源主要为国内网站、数字报纸典藏、国内专题和国外网站资源，资源建设总量超过了 209.59TB。其中，通过 Wayback Machine 对资源进行索引和回放，共发布资源总量 113.33TB。

第三节　中文标准规范的建立

标准规范是资源建设的重要组成部分，建立合适的资源建设标准能够实现网络信息采集、保存、管理和发布等整个工作环节的规范性操作，有助于资源共享与关联，提高资源建设与服务的工作效率，并对业务规模的扩张和服务效益的提升起到积极的促进作用。从标准的种类上看，基于网络资源生命周期的各环节均需要相应的标准规范作为支撑，经过广泛的研究和不断的实践，国家图书馆探索出了一套较为适合的网络资源建设标准，在做了大量翻译工作以及多次修改后，该套标准已于 2017 年 7 月 12 日正式提交至国家标准化管理委员会，并于 2018 年 2 月 1 日正式实施（标准号：GB/T 33994—2017）。这套中文标准规定了 WARC 文件格式可用于：存储来自主流互联网应用层协议（如 HTTP、DNS 和 FTP）的有效载荷内容和控制信息；存储其他已存储数据（如主题分类器、发现语言、编码）关联任意的元数据；支持数据压缩，且保证数据记录的完整性；存储来自收割协议的全部控制信息（如请求标头信息），而不仅仅是响应信息；存储关联其他存储数据的数据转换结果；存储关联其他已存储数据的重复监测活动（当相同或者大体相似的资源出现时，可以减少存储消耗）；在不中断当前功能的情况下进行扩展；支持对超长记录在所需处进行截断或分段操作。

国家图书馆已将上述标准规范应用于网络资源采集与保存工作中，以用于指导资源的描述和组织。根据元数据著录规范，国家图书馆结合不同类型网络资源特点，已对国内网站、政府网站、专题资源、国外网站等各类资源进行了著录，通过元数据字段实现了资源的组织与关联，并在此基础上开发网站发布资源。

　　结合国家公共数字文化惠民工程，各地图书馆网络资源采集的联建工作已取得很大进展，资源类型从早期的地方政府机构网站扩展到国内重要的社会、经济、文化、科技等网站，以及地方热点文化专题资源等，数据量也在快速增加，全国图书馆系统的网络资源采集与保存体系正在逐步形成。

第四章 中文网络信息评价指标体系的确立

网络信息资源已经成为人类文明的重要载体，为政府决策、企业经营、科学研究和人民生活提供了重要的信息素材，是国家发展和社会创新的重要战略资源，具有不可替代性。鉴于网络信息资源的重要价值，经济发达国家和政府组织均将网络信息保存与利用上升为国家战略。我国在十八届五中全会提出了"实施网络强国战略"和"互联网＋"行动计划。2015 年 8 月，国务院发布的《促进大数据发展行动纲要》特别强调要加强互联网信息采集、保存和分析能力建设，制定完善互联网信息保存相关法律法规，构建互联网信息保存和信息服务体系。在十九大报告中，"互联网"一词被提到了 8 次。要坚定文化自信，推动社会主义文化繁荣兴盛，其中，传播手段的建设和创新以及互联网内容的建设都被放在非常重要的位置，因此，用现代信息技术持续加强对日益丰富的网络信息的保存和利用，将不仅有助于保存当前人类文明成果，还是推动新时代中国特色社会主义思想深入人心的必然手段，这将对分析我国发展现状并提高判断和科学决策具有重要战略意义。

然而，与传统文献资源相比，网络信息资源的无序爆炸式增长导致了网络资源质量的良莠不齐。网络上充斥着大量的低价值与无效信息，甚至非法的、错误的内容，对网络信息资源价值提炼和进一步研究利用造成了严重的不利影响。只有对网络信息资源进行科学客观的评价，从源头上把控好网络信息资源质量，才能更有利于网络信息资源采集与保存策略的建设和完善，推动事业的进步与发展。

第一节　评价目的和必要性

与传统信息资源相比，网络信息资源具有类型多、数量大、传播速度快、范围广等鲜明特征。在网络和数字时代，收集、组织和提供信息服务的方式和手段发生了很大变化，网络信息资源已成为图书馆、档案馆与情报机构在新的信息环境下提供服务的基础与保障。但是，随着网络信息资源数量的快速积累，通过互联网高效地获取质量可靠的信息并非一件容易的事情，这已成为人们的共识。事实表明，网络信息资源的无序、泛滥和良莠难辨等已经对社会发展和人民生活产生了巨大影响，这无疑对我们提出了新的挑战。在这种情况下，对于网络信息资源如何组织、如何传播、如何开发利用、如何评价等问题的研究，必将增强人们对于网络信息资源的认识，加快网络信息资源的建设和利用有利于为网络强国、数字中国、智慧社会提供有力支撑，最终推动社会的进步和发展。

开展网络信息资源评价的目的主要在于：在总结业界相关研究成果的基础上，采用调查分析法、定性分析与定量分析相结合、规范研究与实证研究相结合的方法构建网络信息资源评价指标体系，旨在通过对网络资源的科学客观评价，为图书馆等公益性机构收集、组织网络信息资源，进而利用网络资源对外开展服务提供重要的依据和参考。同时，保证网络信息采选过程与采选结果的科学、有效、可管、可控，形成层级化、多元化的网络信息资源体系。

建立网络信息资源评价指标对于形成网络信息采集与保存成果、提升信息服务效率具有重要的作用，其必要性主要有以下几点：

一、有助于对资源做出客观评价，保障资源建设质量

现代互联网技术的发展正在源源不断地催生出大量的网络信息内容。据 Netcraft 统计，2021 年 3 月全球网站数量已达到 13.334 212 75 亿个[①]。据中国互联网信息中心统计，截至 2020 年 12 月，我国网站数量为 443 万个，其中 ".cn" 下网站数为 295 万个。在网络信息资源急剧增加的同时，由于其本身具有的无序性和不稳定性特点，导致网络信息资源在质量上的不可控。大量价值含量低、暴力反动、低级趣味、错误非法的内容也大量充斥网络，严重混淆人们视听，妨碍正常的学习研究。此外，由于网站维护和技术等原因造成的网络信息资源采集质量问题也在一定程度上影响后续的分析和研究。因此，有必要建立科学的网络信息资源评价指标体系，对网络信息资源做出客观评价，杜绝不良网络信息，提高资源建设质量，为进一步的数据分析和服务提供良好的资源保障。

二、有助于为资源采选提供指导，促进资源利用研究

网络信息具有传播速度快、覆盖范围广、生命周期短、种类多样等特征。海量网络信息的增长超过了个人或系统所能接受、处理或有效利用的最大极限。网络信息中，相似主题的网站数量不断增多，重复信息不断涌现，从而带来网络用户在利用上的盲目性和不确定性。信息过载和信息泛滥已成为当前网络时代人们获取知识的重大阻碍。如何根据业务需要，建设合理的网络信息资源体系也成为摆在信息服务部门面前的重大难题。开展网络信息资源评价可以为网络信息资源的开发利用等方面提供指导，也可以反映资源建设现状的不足，为信息服务部门更好进行资源建设提供参考建议。

---

① February 2016 Web Server Survey［EB/OL］.［2019-06-27］. https://news.netcraft. com/archives/2019/06/17/june-2019-web-server-survey.html.

三、有助于加强业务规范管理，提高信息服务水平

现有的图书馆资源分类和主题目录主要是针对传统资源的组织，还不适应对海量复杂网络信息的组织与归类，现有网络信息组织方法的不足使得业务发展亟须较为完整的网络信息评价指标体系指南。网络信息评价指标的选取对于网络信息采集与保存工作中的信息采集、信息质检和长期保存环节有着重要的影响，完善的网络信息采集指标评价体系可以提高采集工作的有效性以及采集数据的可用性。尽管近年来国内外研究者一直致力于网络信息评价指标体系的研究，并取得了优秀成果，但目前尚未有较适用于现今网络信息采集与保存项目的方法。建立一套有针对性的系统的网络信息资源评价指标体系对于规范网络信息质量，提高资源采选效率有着积极的意义。

第二节　国内外网络信息资源评价研究现状

在网络信息资源评价方面，国内外专家学者都进行了深入的研究，并在网络信息资源的重要特征属性及评价方法方面取得了一定的成绩，推动了整个网络信息资源评价领域的理论和方法的发展。

一、网络信息资源评价指标的国内外研究现状

在网络信息评价指标方面，国外最早的研究出现在 1991 年，Richmond[①]首次提出了评价网络信息资源的"10C 原则"，此研究不仅开创了网络信息资源评价的先河，而且其所提出的 10 条定性指标对后续

---

① 　RICHMOND B. Ten C's for evaluating internet sources［EB/OL］.［2018-08-24］. http://libguides.uwec.edu/ld.php?content_id=2539215.

的研究影响很大，至今被广泛使用。1994 年，Barry 和 Schameber[①②] 探讨了用户生成的网络信息质量评价指标体系，提出了 10 条网络信息质量的评价指标，对原有的指标集进行了调整，加入了信息的价格、特异性等；同年，Stoker 和 Cooke[③] 从不同角度提出了 8 条标准，考虑了可获取性、信息组织方式、用户支持等因素。1997 年 Kevin 和 Gene 等人[④] 对已有的评价指标进行了汇总，提出了 11 个大类 125 个"质量标准"，并提出"OASIS"的评价体系。此外，有很多学者从不同角度提出了定性指标集，如 Hirsh[⑤] 从文本内容评价角度、Schamber 和 Bateman[⑥] 等人从用户生成的信息质量评价角度提出指标体系。

随着网络信息计量学的出现，定量指标评价体系开始逐渐发展起来。1995 年，美国艾奥瓦州立大学图书馆的理论馆员 McKiernan[⑦] 根据文献计量学中引文的含义，首次提出了"Sitation"的概念，来描述网站（site）之间相互链接的关系。1997 年，Rousseau[⑧] 研究了网络信息资源之间的链接关系，并分析了这种链接关系对人们研究网络信息资源所起的

① BARRY C L, SCHAMEBER L. Users' critera for relevance evaluation a cross – situational comparison［J］.Information processing and management,1998,34（2/3）:219-236.

② BARRY C L.User-defined relevance criteria：an exploratory study［J］.Journal of the American society for information science,1994,45（3）:149-159.

③ STOKER D, COOKE A. Evaluation of networked information sources［C］.Proceedings of the 17th International Essen Symposium,1994:287-312.

④ KEVIN M O, GENE L W, LISA T B. Evaluating the quality of Internet information sources［EB/OL］.［2017-10-21］.https://eric.ed.gov/?id=ED412927.

⑤ HIRSH S G.Children's relevance criteria and information seeking on electronic resources［J］.Journal of society for information science,1999,50（14）:1265-1283.

⑥ SCHAMBER L, BATEMAN J. User criteria in relevance evaluation：toward development of measurement scale［C］.Proceedings of the 59th Annual Meeting of the American Society for Information Science, Baltimore, MD, USA.Medford, NJ, USA: Learned Information,1996.

⑦ MCKIERNAN G.CitedSites（sm）:citation indexing of web resources［EB/OL］.［2017-10-21］.http://www.public.iastate.edu/ ~ CYBERSTACKS/Cited.htm.

⑧ ROUSSEAU R.Sitations:an exploratory study［J/OL］.［2021-06-11］.Cybermetrics, 1997,1（1）.http://www.cindoc.csic. es/cybermetrics/articles/v1i1p1.html.

重要作用。他首次将"Sitation"一词正式应用到学术论文题名当中，标志着"网络链接分析方法"的确立。此后，以网络链接数量为基础的各种网络计量指标被应用到网络信息资源的评价当中，其中最有代表性的，无疑是网络影响因子（Web Impact Factor，WIF）。1998年，丹麦皇家图书信息学院的 Ingwersen[1] 首次提出了"网络影响因子"一词，试图用它来客观评价网络信息资源，对网络信息资源的定量评价产生了巨大影响。2002年，Thelwall[2] 探讨了用 WIF 与大学研究力排名的关系，提出了改进 WIF 的计算方法。

　　国内对于网络信息资源的评价研究较晚于国外。最早的评价指标研究始于1997年，当时的主要关注点在于定性指标的研究。董小英[3] 在基于国外理论研究的基础上，提出了9项网络信息资源评价的标准，开启了国内对网络信息资源评价的研究。1998年，蒋颖[4] 最早在国内期刊上发表了关于网络信息资源评价的论文，并提出了相应的指标评价标准。1999年，李刚和孙兰[5] 则第一次正式使用了"网络信息资源评价指标"这一概念。2004年，金越[6] 将评价指标分为"网页内容信息资源的评价指标"和"网站相关信息资源的评价指标"两大类。

　　在定量指标研究方面，左艺、魏良等人[7] 在1999年提出可以通过专题网站在搜索引擎和主题指南中出现的频次、各站点被访问次数、电子期刊订购人数、文章被访问和下载次数、超文本链接次数等数据来定量评

　　① INGWERSEN P.The calculation of web impact factors［J］.Journal of documentation，1998，54（2）：236-243.

　　② THELWALL M.Comparison of sources of links for academic web impact factor calculations［J］.Journal of documentation，2002，58（1）：60-72.

　　③ 董小英.网络环境下的信息资源管理［M］.北京：北京大学出版社，1998.

　　④ 蒋颖.因特网学术资源评价：标准和方法［J］.图书情报工作，1998（11）：27-31.

　　⑤ 李刚，孙兰.网络信息资源评价初探［J］.情报杂志，2000（1）：56-60.

　　⑥ 金越.网络信息资源的评价指标研究［J］.情报杂志，2004（1）：64-66.

　　⑦ 左艺，魏良，赵玉虹.国际互联网上信息资源优选与评价研究方法初探［J］.情报学报，1999（4）：340-343.

价网络信息资源。2004 年，金越指出覆盖率是评价网页内容的一个重要定量指标。2005 年，段宇锋和邱均平[①] 在针对美国商学院的实证研究中，就以指向网站的网页数和网络影响因子作为测定核心网站的依据，其结果证实了这两个指标对于评价网站质量和测定核心网站具有重要价值。

宋丹等提出链接分析首先应识别入链网站和网页数，分析过程建立在对入链识别和入链数的准确计算基础之上。目前入链的获取主要有三种途径：①使用搜索引擎（主要有谷歌、AllTheWeb、Altavista 和百度等）获取入链结果；②使用专业的在线查询网站进行检索，即网站在搜索引擎查询结果的基础上进行分析，返回入链结果，代表网站有 Majestic SEO 在线查询工具、谷歌站长工具、空软等；③使用专业爬行器得到入链结果，代表工具有 Connectivety server（CS2）、SocSciBot、Xenu's Link Sleuth 等[②]。

二、网络信息资源评价体系的国内外研究现状

在评价理论方法研究中，国外的管理科学学派早在 20 世纪就展开了相关的理论研究。随着网络信息资源评价研究的开展，评价理论也被系统引入网络资源指标体系理论研究中。1997 年，美国著名运筹学家 Satty[③] 于 20 世纪 70 年代提出层次分析法。层次分析法将定性分析和定量分析相结合，充分利用人的分析、判断和综合能力，具有高度的有效性、可靠性、简明性和广泛的适用性，适用于较为复杂、决策准则较多且不易量化的决策问题，因而被广泛应用于科学评价中。20 世纪 90 年代，国外的许多知名学者，包括 Peter Ingwersen、Lennart Björneborn、

---

① 段宇锋,邱均平.基于链接分析的网站评价研究[J].中国图书馆学报,2005（4）: 19−23,41.

② 宋丹,高峰.基于链接分析的我国省级政府门户网站灰色关联度测评[J].知识管理论坛,2013,65（4）:20−26.

③ SATTY T L.The analytic hierarchy process[M].New York:McGraw Science,1982:341−356.

Mike Thelwall、Ronald Rousseau、Liwen Vaughan、Alastair G.Smith、Leot Leydesdorff 等人对网络链接分析法进行了大量的研究。

国内对网络信息质量评价方法的研究较晚，而且相关的研究较少。刘冰等[1]构建了基于用户体验的信息质量综合评价体系，根据信息体验层次将信息质量划分为三个维度。徐静[2]分析了信息、信息质量概念和信息的外部供应商——顾客/用户的关系模型，在此基础上讨论了网络信息资源评价的基本标准。刘雁书等[3]探讨了网络信息质量评价指标的可获取性。李莉、甘利人等[4]分析了在网络环境下，用户对信息质量的感知。具体的研究评价方法及应用如表 4-1 所示。

表 4-1　国内指标评价方法及应用

学者名	评价方法	应用领域
邱燕燕[5]（2001）	采用 Delphi 法获取数据，运用层次分析法来进行权重设定	理论研究
段宇锋[6]（2004）	采用统计分析法	对中国财经类院校网站链接指标数据分析、学术型网站比较分析
庞景安[7]（2007）	采用统计分析法，即 Spearman 等级相关法	网站、网络期刊评价

————————

①　刘冰,卢爽.基于用户体验的信息质量综合评价体系研究[J].图书情报工作,2011,55(22):56-59.

②　徐静.网络信息资源的质量和评价[J].图书馆学研究,2005(9):49-50.

③　刘雁书,方平.网络信息质量评价指标体系及可获取性研究[J].情报杂志,2002,21(6):10-12.

④　李莉,甘利人,谢兆霞.基于感知质量的科技文献数据库网站信息用户满意模型研究[J].情报学报,2009,28(4):556-581.

⑤　邱燕燕.基于层次分析法的网络信息资源评价[J].情报科学,2001,19(6):599-602.

⑥　段宇锋.网络链接分析与网站评价研究[D].武汉:武汉大学,2004.

⑦　庞景安.网络信息资源的计量与评价[M].北京:科技文献出版社,2007.

续表

学者名	评价方法	应用领域
矫健，刘煜，郑恒[①]（2007）	层次分析法和贝叶斯网络	对专家知识和经验进行有效集结的综合评价
吕殿秋[②]（2010）	采用 Delphi 专家评价法来获取数据，采用模糊综合评判法来确定权重	高校图书馆信息资源评价
朱红灿，陈能华[③]（2010）	通过调查问卷得到指标数据值，采用粗糙集方法赋权重	政府信息公开公众满意度评价模型
朱庆华[④]（2011）	Deliphi 专家评价法确定评价指标，采用层次分析法确定指标权重	企业、政府、学术网站信息资源的评价；搜索引擎的测评；网络数据库的测评
石梅，黄家兴[⑤]（2012）	利用 Yahoo 搜索引擎和 Alexa 来获取指标数值，用因子分析来确定	大学网站排名与评价
许剑颖[⑥]（2012）	通过 Google 和"站长工具"网站获取数据，利用灰色关联度分析法进行网站排名	农业网站排序、分析
宋丹，高峰[⑦]（2015）	采用 Majestic SEO 与专业爬行器相结合收集数据，采用灰色关联度对网站进行测评	政府网站进行排序，评价网站影响力

---

① 矫健,刘煜,郑恒.基于AHP-BN的网络信息资源综合评价研究[J].现代图书情报技术,2007（9）:66-71.

② 吕殿秋.基于模糊层次分析法的网络信息资源评价研究[D].哈尔滨:黑龙江大学,2010.

③ 朱红灿,陈能华.基于距离辅助粗糙集的政府信息公开公众满意度评价模型[J].情报杂志,2010,29（8）:94-97.

④ 朱庆华.网络信息资源的评价指标体系的建立和测定[M].北京:商务印书馆,2012.

⑤ 石梅,黄家兴.国内大学网站评价与大学排名实证研究[J].情报杂志,2012,31（11）:58-61,57.

⑥ 许剑颖.基于链接分析法的中国农业网站影响力分析[J].图书情报工作网刊,2012（10）:42-46.

⑦ 宋丹,高峰.基于链接分析的我国省级政府门户网站灰色关联度测评[J].知识管理论坛,2013（4）:20-26.

续表

学者名	评价方法	应用领域
刘冰[①]（2015）	采用调查问卷的方法确定指标，采用主成分分析法来确实指标集、权重	用户视角的信息质量评价
谢萍，钱过，袁润[②]（2015）	采用 Thomson Innovation 来获取数据，以粗糙集理论来确定权重系数	对核心专利综合价值指数进行识别

三、当前网络信息资源评价的不足

在网络信息资源评价指标集的构建过程中，学者从不同的角度来开展研究。有的从网页内容质量评价的角度，提出关于内容质量方面的评价指标；有的针对网站建设方法的研究，提出关于网站建设相关的评价指标；也有的从网络计量学角度，提出采用定量指标对网站性能进行评价。研究者通过不断完善评价指标集，达到提高指标集对评价对象主要特征覆盖率的目的。但网络信息采集本身是一个动态的过程，原有的指标集在应用过程中存在以下问题：

1. 指标集不完整

网络信息采集有自己独特的方面，这不仅与信息资源本身有关，也与信息采集技术息息相关。因此，原有的网络信息资源指标集、网站评价指标集对于网络信息采集指标集来说，并不能很好地覆盖其所有的显著特征，最后影响评价结果的准确性、客观性。

2. 指标设定含义模糊

在已有文献的指标集构建中，部分指标存在着指标含义较宽泛、包含内容较多的情况。一方面是指标含义存在阐释不一致的情况，如针对

---

① 刘冰.网络环境中基于用户视角的信息质量评价研究［M］.北京:中国社会科学出版社,2015.

② 谢萍,钱过,袁润.基于粗糙集理论的核心专利识别研究［J］.情报杂志,2015,34（7）:34-38.

"全面性"的解释，有的文献资料中指"信息资源能够全面地表达一个主题观点特征"，也有一些文献资料将其解释为"收录范围的全面广泛"。另一方面，在对这类定性指标进行赋值时，由于认知差异，不同学者对指标值的设定也会存在偏差，进而对后继评价指标体系模型的可用性造成影响，如不同专家对于"网站作者的权威性"的评价结果存在差异。

3. 指标设定不合理

在指标设定过程中，可能会存在虽然字面表达不同，但其实质内容可能相同或相近，令人费解。由于指标设定时的不合理，可能造成指标重复或含义不清。

4. 指标不具备实际使用功能

部分指标在实际使用时，存在进行赋值的衡量标准难以设定的情况，如"世界观"。对于这些指标，研究者仍需要对基本理论问题进行深入探讨与研究，在应用中则应尽量避免此类指标的使用。

在指标评价方法理论方面，对目标对象的评价方法及理论不断完善。从早期的主观评价、客观评价，到现今的综合评价法，皆在不同领域中得到广泛应用，并取得了良好的使用效果。在网络信息采集评价指标体系建立时，文献资料更侧重于对已有决策结果的数据集进行指标集的筛选和权重设定研究，其决策值大多通过专家评价来获取。对于网络信息采集的来源对象来说，并没有一个权威的部门给出明确的决策结果集，即网站的综合评价结果。网络信息资源采集后得到的参考属性有信息资源来源对于采集专题的覆盖面，采集的次数及采集错误率等多项因素。研究的难点之一是如何根据网站的不同归类（或属性）来确定决策值，而目前已有的研究方法并不能很好地解决这一问题。

由于多种原因，网络信息采集评价指标方面的研究并不多，对于评价指标集的包含范围并不明确，对网络信息采集评价方法的研究则更少。直接使用已有的指标集或套用已有的方法致使网络信息采集指标的评价结果不可用。综上所述，本节研究是在网络信息资源评价的相关理论和评价方法基础上，尝试进一步完善网络信息采集评价指标体系模型的建立。

第三节　中文网络信息评价对象与范围

信息资源是指人类社会活动中积累的以信息为核心要素的资源集合。网络信息资源区别于传统信息资源，是指以电子数据形式存储，借助计算机通过互联网进行传播的各类信息资源①。鉴于网络信息的海量性和复杂性，确定合适的网络资源保存范围是决定资源采集效益和内容质量的重要因素。结合国内外网络信息资源保存工作实践，我国在开展规模性采集过程中，既要做到网络资源的重点采集，也要防范垃圾信息的堆积。在保证信息采集全面性的同时，也应注重资源内容的权威性和保存价值。围绕我国公共图书馆的职能定位和服务需求，本书从客观实际出发，在综合考虑现有的软件资源、硬件资源、人员等因素的基础上，以国家图书馆网络资源采集项目为重点研究对象，以国家图书馆采集任务获取到的数据为试验数据集，按标准完成对网络信息评价指标体系的构建。

国家图书馆通过全面采集和重点采集的方式实现对不同领域和范围的重要网络资源的有效采集。同时，在采集过程中充分考虑采集内容的延续性和采集后数据的有效利用，不断修正网络资源采集范围。目前，国家数字图书馆全面保存的网络资源主要包括：党中央各部门及直属事业单位网站；全国人大、政协及其他与国家立法、决策相关机构网站；最高人民法院、最高人民检察院网站；国务院各组成机构及其直属单位和行业协会网站；各民主党派中央机关网站；中央级社会团体网站等。重点保存的网络资源包括：我国经济领域重要机构、组织、研究单位网

---

① 马费成,赖茂生.信息资源管理［M］.北京:高等教育出版社,2006:5-12.

站；我国重要的科研教育机构网站；我国历史文化、传统艺术、地理人文、科技科普、国学研究类网站和专题；我国一级博物馆、省级及以上主要美术馆、艺术馆、展览馆等公益文化类机构以及重要图情组织机构网站；我国重要历史人物和事件的纪念馆及专题网站；我国社会保障、劳动就业、人才法律、人口健康等领域重要机构网站；国土资源监测与利用、环境气象、生态保护、防灾减灾等领域重要机构、研究单位和专题网站；国家重大项目和工程建设网站；国际重要组织机构、国外主要国家和周边国家的官方网站及其公开发布的重要文件和资料等。

第四节　中文网络信息的评价指标

本书通过对网络信息评价相关的理论和应用体系的深入研究，采用聚类分析和粗糙集相结合的方法，实现网络信息评价指标体系的构建，以期对全国公共图书馆开展网络信息资源保存与服务工作起到借鉴意义。

网络信息评价指标体系的构建是按照采集对象的本质属性和特征将某一方面分解，使其成为具有行为化、可操作化的层次结构，并对指标体系的每一指标赋予权重的过程。经过收集网络信息采集相关指标、构建指标初始集、指标预处理、指标约简、指标集权重确定、指标体系可用性验证、确定网络信息评价指标体系共 7 个流程，最终确定网络信息评价指标体系模型，为信息来源的采集次序、专题筛选、信息可用性评价提供辅助分析决策。

一、聚类分析与粗糙集相结合的综合评价法

粗糙集权重确定方法是以原有数据对信息进行分析，挖掘数据内部的隐含关系，从而确定其属性的特征值权重大小的方法，体现"用数据说话"的思想。粗糙集里有基于属性重要度的方法来确定属性的权重，也

有基于信息熵的方法来进行权重确定。

聚类分析与粗糙集相结合的综合评价法（以下称为"聚类分析－粗糙集评价法"）主要依赖聚类分析技术对目标对象进行划分，确定目标对象的决策结果，应用粗糙集理论则是为从众多的评价指标筛选出重要的属性特征，并依据筛选后的指标数据建立相应的评价指标模型。聚类分析－粗糙集评价法可以将聚类分析和粗糙集理论的优点相结合，这大大开拓了数据挖掘的算法和技术，提供了丰富的数据分析工具。

聚类分析－粗糙集评价方法主要由评价目标、评价对象、评价指标、评价标准、评价模型设定这几个要素组成。评价的过程实际上就是指标信息交换、流动、组合的过程，是一个集主客观信息的复杂过程[①]。

聚类分析－粗糙集评价方法的逻辑过程如图 4-1 所示：

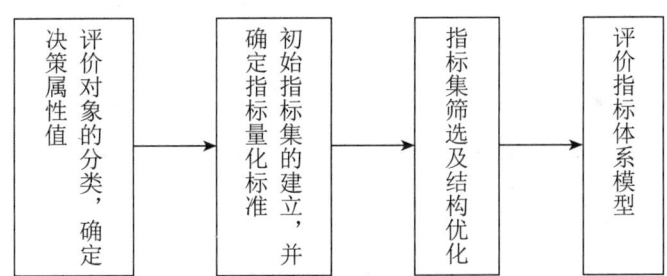

图 4-1　聚类分析－粗糙集评价方法逻辑框图

聚类分析－粗糙集方法在评价对象问题解决的思路和步骤：

（1）确定评价目标和评价对象；

（2）采用聚类分析方法对评价对象进行划分，在综合分析的基础上，确定决策结果值；

（3）按对象属性特征及彼此之间的关系和层次结构建立初始指标体系；

① 郭亚军.综合评价理论、方法及应用［M］.北京:科学出版社,2007:7-8.

（4）确定指标值的赋值方法，即指标值捕获；

（5）对指标进行约简，并建立评价模型；

（6）对评价对象进行分类或排序，把评价对象的评价代入评价模型。

研究将聚类分析与粗糙集理论相结合来解决定量和定性相结合、主观和客观相结合的复杂问题分析，通过聚类分析确定评价对象的决策值，通过粗糙集方法来完成指标体系的构建及指标重要性的排序，建立一种智能化、集成化的综合评价方法。

二、基于聚类分析的网络信息采集对象划分

聚类分析是在一种无监督学习方式下，从样本数据本身出发，通过数据之间的特征相似性自动完成分类，能够很好地完成对网络信息采集对象的划分，确定决策属性值。

经过多年的网络信息采集，国家图书馆在网络信息来源及数据的品质辨别方面积累了大量的研究数据。本书通过对已有数据进行统计分析，将其结果作为聚类分析的基础数据。本书统计后的结果数据主要有 4 类：网站的信息采集总次数、错误统计数据、主题覆盖统计数据、合格率。

采用 K-means 算法对研究的 49 个专题的 1690 个网站进行聚类划分，实现二维平面可视化效果图，其中输入数据为主题覆盖数、出错率二维数据。采用 K-means 算法进行聚类划分过程如下：

（1）对数据进行标准化处理。本书通过 MATLAB 的 zscore 函数对数据进行标准化处理。在对数据处理时，要求先对数据进行标准化处理，以确保处理后的结果数据具有正确性、有效性。

（2）计算样本 X_i 和样本 X_j 间的距离，这里采用欧氏距离。

（3）确定类与类之间的距离。这里使用离差平方和法。

（4）确定类的个数。在运用聚类方法得到聚类图之后，就需要确定类的个数。在实际应用中，人们主要根据研究目的，从实用角度出发选

择分类数。

实验采用 MATLAB 中的 K-means 聚类函数，距离参数采用欧几里得距离方法，通过 5 次迭代处理，其分类结果如图 4-2 所示：

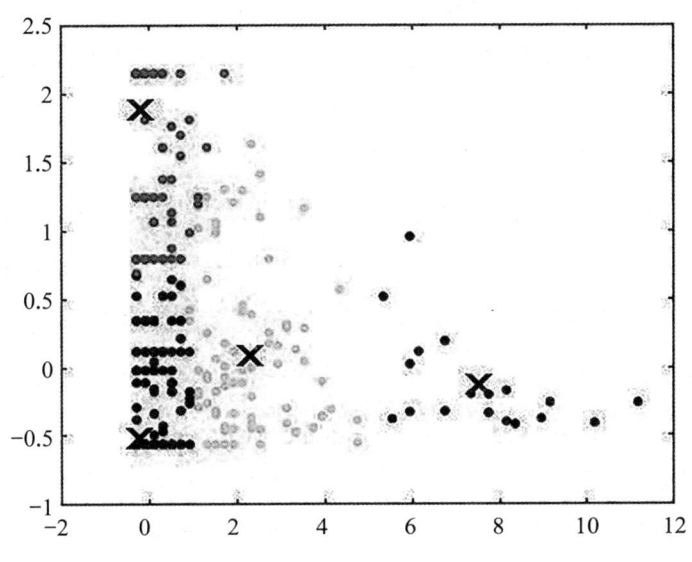

图 4-2 基于主题覆盖数与出错率两个属性的聚类结果

从实验结果可以看出，千余个网站被聚类分为 4 类，每一类的质心以"X"来表示，其分类位置比较理想，分类的边界也较清晰，因此 K-means 方法可以用于网站分类研究。

1. 网络信息评价指标集的初步建立、筛选与权重模型

基于全面调查分析，采用按类划分收集统计之后，初步建立网络信息评价初始指标集。指标集建立按照层级分类法来建立，分为目标层、准则层和指标层三级。准则层主要分为采集信息内容、网站技术、网络计量三类，然后按类别来搜集和甄选出相应的指标，构成初始指标集。定量指标的值可通过相应的工具直接获取；定性指标值的表示方式则需要根据实际工作的需求，来设定其取值类型和取值范围，并最终确定互联网信息采集评价指标初始集，为进一步研究工作的开展打下良好的基础。

为保证计算量适宜、使用简洁，保证指标评价结果的正确性和有效性，采用粗糙集理论进行指标筛选，定性指标的约简采用 Johnson 算法，定量指标的约简采用邻域粗糙理论方法实现，最终确定网络信息采集评价指标集。通过 Johnson 算法实现的筛选结果具有唯一性特征，而邻域粗糙集的方法可以避免数据值数据由于离散化带来的不准确性，适用于定量指标的筛选。

指标的权重设定是网络信息采集指标评价体系建立过程中的重要环节，直接影响决策结果。良好的指标评价体系必须既能够对指标重要性进行正确反映，又能够对被评价对象的排列进行区分。评价指标权重的设计重点是要考察指标的重要性和可区分性。为设定网络信息采集评价指标的权重值，采用基于代数的粗糙集、信息熵方法两种算法相结合的方法，来构建指标权重模型。

"网络信息采集与保存策略研究"课题组采用国家图书馆 2016 年互联网信息采集专题数据集中所包含的 20 000 多个网页和 1690 个网站作为基础数据，进行实证研究。根据总采集次数、采集覆盖数及覆盖率、采集失败次数及失败率、采集成功率进行信息来源的划分，其结果作为指标约简的决策数据。通过网站聚类划分，利用粗糙集约简指标集。利用粗糙集属性重要度的结果来约束信息熵的方法确定网络信息采集评价指标的权重，为在网络信息采集过程中的信息收集与信息质检标准制定提供了理论依据。

2. 网络信息评价指标评分指南

最终确定的网络信息评价指标体系包含内容、框架、链接和创建者共 4 类 19 个指标。依据前期所获权重模型，以百分制设定网络信息采集评价指标评分指南，作为网络信息评价的操作指南，如表 4-2 所示：

表 4-2　网络信息采集评价指标评分指南

指标维度	指标项	评分标准
内容 （31）	可读性（10）	采集资源内容表述清晰、易读，主题明确、逻辑连贯，不存在意识形态薄弱的问题。满足条件越多，分值越高
	信息适度性（2）	采集资源涵盖的信息数量的适量程度，采集内容是长评、短评还是快讯。长评2分，短评、快讯均1分
	文献控制（5）	采集资源的标题是否清楚易懂，每个页面是否都有清楚的标题，正文内容是否与标题信息一致。满足条件越多，分值越高
	时效性（12）	采集资源的发布时间与当前时间的时间间隔是否在允许范围内，被采集的信息在一段时间内是否可以对决策具有参考利用价值。时间间隔越短，分值越高
	资源类型（2）	采集资源的类型是文本、图片、视频还是音频，文本分值最高，图片、音频次之，视频分值最低
框架 （14）	框架完整性（7）	采集的网站框架或网页框架保持完整。框架完整度越高，分值越高
	导航友好性（4）	采集资源如是网站则要具有完备的导航系统，且简明易用。网页默认具有完备的导航系统
	编码（3）	由于数据编码方式的问题是否会导致采集后数据回放出现乱码现象
链接 （39）	可访问性（5）	资源在任一时间均可免费用若干浏览器正常访问，且得到相同效果
	稳定性（3）	资源 URL 是否稳定，打开后是否可以稳定地显示页面内容
	快速响应性（3）	点击资源内链接的跳转时间在用户可接受范围内，用户获取信息的过程流畅、方便。响应时间越短，分值越高。单一网页默认快速响应性良好
	链接有效性（10）	采集资源中的链接是否全部有效，是否存在空链、死链的情况。有效链接数量越多，分值越高
	链接内容与主题相关性（10）	采集资源主页内容以及链接内容与主题之间的吻合程度，页面正文上是否存在其他无关信息。内容越吻合，分值越高
	链接安全性（8）	采集信息是否包含了不安全或不恰当的链接

续表

指标维度	指标项	评分标准
创建者 （16）	网站可信性 （5）	资源 URL 指向网站是否是正规的、值得相信的、能够加以利用的网站
	版权、备案 信息（2）	网站提供版权和备案信息。提供信息越多，分值越高
	资源创建者 （2）	资源页面内是否明确标注出信息的创建者
	广告接入 （6）	采集信息中是否包含不适宜的广告信息，包含不适合广告的内容越多，分值越低
	网站所属机 构性质（1）	政府部门、事业单位、商业组织、非营利组织及其他。政府部门、事业单位、商业组织、非营利组织分值为 1，其他为 0

第五章 网络信息采集与保存服务系统的设计与搭建

针对之前工作中存在的 Heritrix 和 OpenWayback 软件的配置与操作占工作任务比重较大，技术手段单一，且部分工作环节（如种子链接的部署、采集结果的汇总、索引文件的建立以及发布链接的质检等）频繁重复操作的弊端，本书基于国家图书馆前期研究和工作基础，分析、设计并构建了更具先进性、普适性、规范性的网络信息采集与保存服务系统，实现了网络资源的采集、编目、回放、发布和服务的全流程操作和管理，有效提高了网络信息采集与保存的工作效率。

系统在设计上以国际通用 WARC 采集文档格式为基础，通过开发和功能定制，实现网络资源保存与服务全流程业务的规范化操作、功能演进与优化。系统可以在现有硬软件环境下，支持大批量（TB 级别）数据的采集、加工、管理和发布，并提供互联网展示服务和检索。操作和使用过程便捷，具备可视化的界面操作，支持与其他模块之间的无缝衔接，同时还应具备可扩展性和可复用性，能够较好满足我国图书馆等保存机构开展网络资源保存与服务需求，并适应未来业务和用户需求的改变。

第一节 系统架构

网络信息采集与保存服务系统主要由 7 个功能模块组成，分别是：采集模块、编目模块、回放模块、内容管理与发布模块、数据保存模块、用户管理模块、维护备份模块，系统架构图如 5-1 所示：

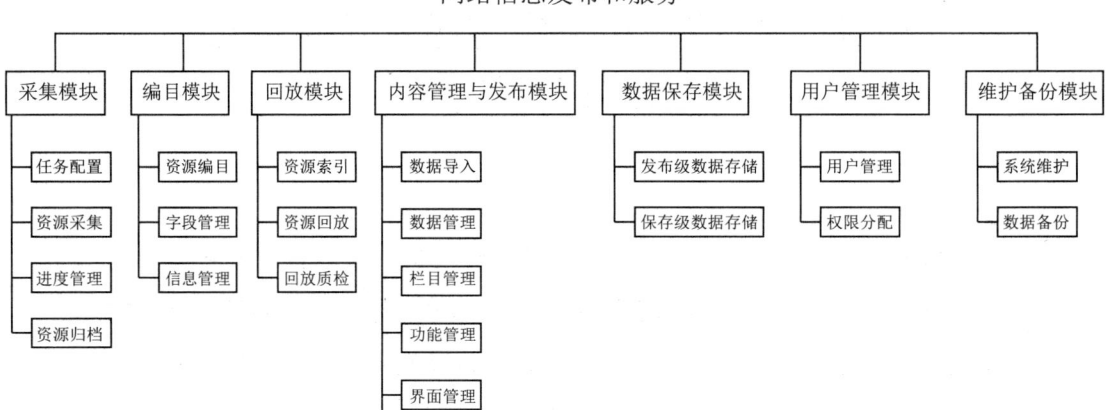

图 5-1　网络信息采集与保存服务系统架构图

1. 采集模块

采集模块主要功能有：采集任务的部署、采集参数的简单设置、网络资源的采集和归档等。模块将通过配置模板的导入来简化采集流程，实现采集过程的实时监控和消息预告，并能够实现资源和服务器的合理组织和调度，整个过程更加流畅，减少了不必要的烦琐操作。

本模块具体的功能描述如下：

采集模块负责根据指定的 URL 抓取网络资源，实时显示采集状态，并在多台服务器之间合理调度采集任务。为简化采集操作，该模块中还可实现采集任务模板配置及模板导入导出等功能。为有效抓取网络资源，采集模块可实现全域采集和聚焦采集两种采集方式，后者需要提供过滤 URL 的配置接口。采集的全流程均基于可视化操作界面进行，并且能够实现采集进程的监控和管理，对于采集过程中出现异常运行行为的服务器，采集模块可即时给出报警提示信息并终止服务器运行。

资源采集完成后需保存在分布式文件系统中，被合理组织和存储。

2. 编目模块

编目功能主要是基于 DC 元数据来设置采集资源的元数据字段，元数据著录必须灵活，支持编目数据的批量化导入和导出。

本模块具体的功能描述如下：

网络信息采集与保存服务系统提供编目采集任务的接口，用于记录描述某一采集任务的各项信息，并预先设置有元数据字段以及字段类型说明。此外，工作人员可以根据实际需要自行增加、删除、修改元数据字段。编目结果被保存在结构化数据库中，工作人员可以检索到某条资源对编目信息进行修改。

3. 回放模块

工作人员通过代码对采集资源建立索引和回放，并获取回放链接，通过可视化操作界面完成资源的回放过程，实现实时监控和质检。

本模块具体的功能描述如下：

回放模块负责为分布式文件系统中保存的采集结果建立用于再现网络资源的索引，并自动生成回放链接。索引建立过程中，该模块直接在另外的分布式系统中完成读写文件的操作，而不在网络信息采集与保存服务系统所在服务器的本地硬盘中操作。索引建立过程中，该模块还可实时显示索引建立状态。回放链接生成后，工作人员据此在浏览器中对回放效果进行质检，并进行标注，质检合格的资源的回放链接地址被保存在系统结构化数据库中，质检不合格的资源则进行重新回放或重新采集。

4. 内容管理与发布模块

内容管理与发布模块是网络信息采集与保存服务系统的核心功能模块，能够通过可视化操作界面实现资源的有序组织和网站发布的有效管理，较大程度提升服务效益。

本模块具体的功能描述如下：

（1）内容管理子模块

对发布内容和配置文件等进行管理和设置，可以实现对已保存资源的管理和展示，并控制前端展示的内容、界面、功能，以及对资源和用户行为进行统计等，从而实现对网站服务的管理和维护。主要有以下功能：数据导入、数据管理、栏目管理、界面管理、功能管理。

数据导入方面，回放链接和编目数据的导入方式有批量导入与可视化手工导入两种方式。前者适合对大规模数据的一次性导入，效率较高。后者适合于对修改后或应实际需要而对新补充数据的导入，有较好的灵活性。

数据管理方面，以可视化方式清晰地展示资源与栏目的对应关系，资源列表中显示标题、摘要、采集时间、关键词等元数据信息，支持对资源进行增、删、改等操作。

栏目管理方面，以结构化方式展示各级栏目，功能上包括栏目的增加、删除、修改栏目名称等。支持对栏目的逻辑包含关系进行自定义。

界面管理方面，以可视化方式对前端展示界面进行管理。后台管理应当至少提供以下 3 类页面模板供工作人员选择和使用：首页模板、资源列表页模板、内容详情页模板。

功能管理方面，支持通过可视化界面对发布的功能参数和配置进行修改，如可视化效果、检索设置、热词、资源推荐等。支持统计功能，包括用户行为数据的记录与分析、资源发布情况统计、资源访问统计。其中，资源访问统计包括：浏览量 PV、访问次数、独立访客数 UV、新访客数、新访客比率、平均访问时长、平均访问页数、平均访问深度。

（2）资源发布子模块

数据的发布有预发布与正式发布两个环节。预发布旨在通过局域网展示网站内容，工作人员对网页显示状况进行检查，及时发现文字错误、图片错误、设计错误等不正常现象，最终使网页对象以理想方式呈现于浏览器上，提高正式发布时的正确性。

工作人员根据局域网预发布的网站内容和展示效果进行检查，对不合格情况进行统一管理，由工作人员给出问题描述说明，其他工作人员根据问题描述说明进行必要的数据修改，包括：编目数据错误则手工修改编目数据；资源所属栏目错误则修改所属栏目；网站文字或图片信息错误则修改相应的图片或文字；网页排版和设计有问题则对其进行修改调整等。

质检完成后进行正式发布。互联网服务以 HTML、CSS、JavaScript、Ajax 等为基础，通过用户界面（UI）提供前端资源、功能与后台的连接，支持自定义模板的导入导出，并提供个性化和互动性功能设置，可根据设计需求重新设计和制作模板，更新页面。具体的页面制作由工作人员完成，并能够实现内容与页面的自动链接。该模块通过互联网向用户提供服务，用户可以通过 UI 进行功能交互和浏览资源。

5. 数据保存模块

数字资源长期保存，是为保证数字资源可长期维护和其内容可长期获取的必要管理活动，具有重要意义。网络信息采集与保存服务系统通过分布式存储方式对发布级数据进行存储，不但提高了系统的可靠性、可用性和存取效率，还有利于存储能力的扩展，并且可以根据应用和服务需求，灵活调整和调用数据进行发布，提高服务效率。同时，系统对数字资源进行进一步的加工处理，并对接国家图书馆长期保存系统，实现网络信息资源的长期保存，保证数据长期有效存取。

6. 用户管理模块

用户管理模块主要为工作人员分配账户和权限。支持增加、删除、修改用户，并对某一用户的资源使用权限与工作权限进行分配和统一管理。同时，用户可以简单设置自己的账户信息。

7. 维护备份模块

网络信息采集与保存服务系统将日常系统维护、监控和数据备份进行了功能整合，为保障系统的可靠性和数据的安全性提供支持。

本模块具体的功能描述如下：

本模块主要对系统运行状况进行监控，能够定期提供运行状况统计信息以供工作人员参考，并能提供基本的日常维护功能，以保证系统长期、稳定、安全运行。该模块支持对数据库的备份和导入导出，保障数据的安全性。

第二节　业务流程

网络信息采集与保存服务系统的构建依据网络资源采集与保存业务的工作流程设计和实施，如图 5-2 所示：

网络信息采集与保存服务业务流程具体描述如下：

确定采集任务，根据业务需求对任务模板进行配置，采集具体任务之前根据采集对象种类进行具体采集配置，既可以为采集任务选择配置好的任务模板，也可以在任务模板的基础上进行个性化参数配置，以期取得更好的采集结果。根据采集需求选择全域采集或聚焦采集后即可启动资源采集。采集过程中可通过可视化工作界面查看资源采集进度并对采集过程进行管理。资源采集结束后以国际通用标准 WARC 为存档格式保存在分布式文件系统中。

采集任务确定的同时，可通过编目模块对采集资源进行编目，即元数据著录。编目信息不仅可以对采集资源进行较为全面的描述，在资源发布和服务时展示必要的相关说明信息，也可根据编目信息对资源进行检索和编辑。部分编目信息可以根据存档的文件由计算机自动提取，另一部分信息则通过可视化操作界面进行人工输入和保存。系统能够提供元数据著录字段的管理，包括必要时增加、删除、修改元数据字段。编目完成后可以根据规定的条件选择多个资源并将其编目信息进行批量导出，导出格式包括".xlsx"".txt"".xml"".csv"等，便于工作人员进一步整理和分析。

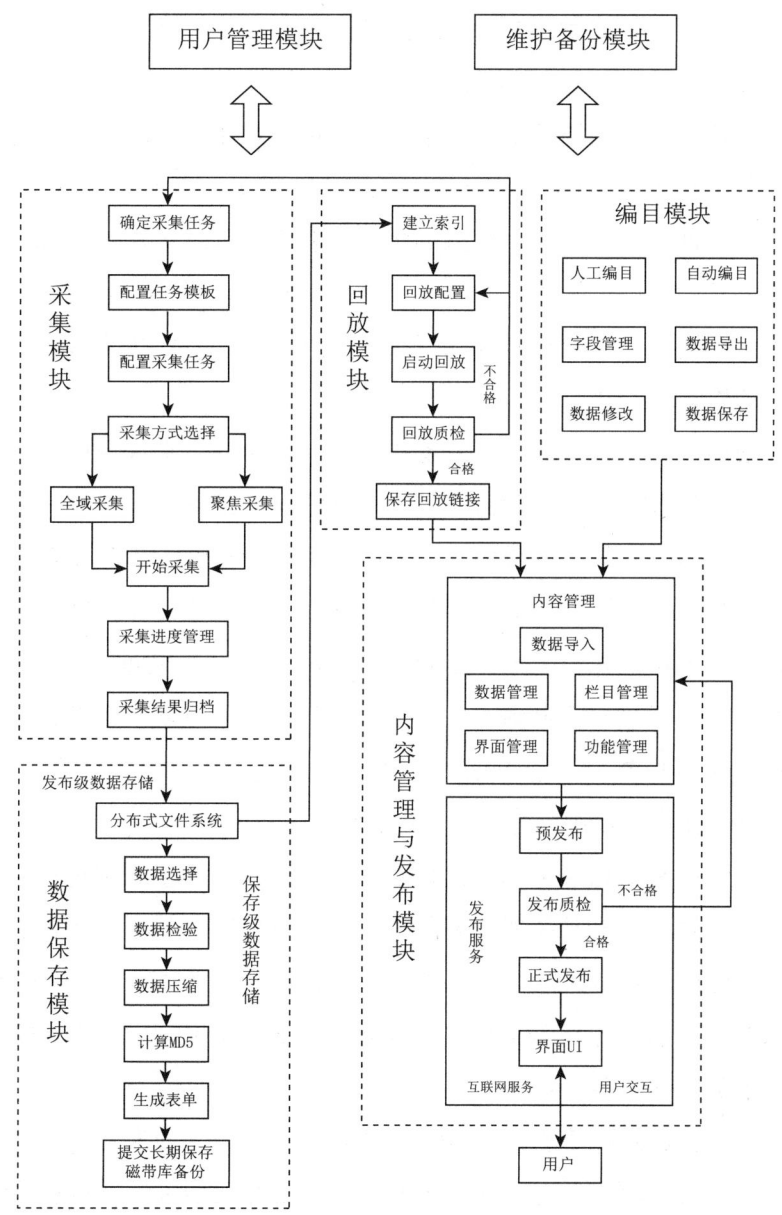

图 5-2　网络资源采集与保存服务业务流程图

　　资源采集完成并归档后，即可通过回放模块进行进一步加工处理。通过建立索引、回放配置、启动回放等环节取得资源的回放链接地址，并根据该地址在内嵌的浏览器上进行资源展示和质检，质检不合格数据需要进行重新回放或者提交工作人员进行重新采集，合格数据的回放链接地址则被保存在系统结构化数据库中。

资源的编目信息和回放链接地址全部保存到系统数据库后，则可以通过内容管理与发布模块对资源进行管理、发布、展示和服务。其中，内容管理方面，支持对编目数据的批量和手工导入，可以对资源、栏目等进行管理，包括：数据的分类、增加、删除、修改，同时提供与前端展示系统的接口，可以对展示的栏目、界面布局进行自主定义，并可提供资源的检索功能设置。

发布服务方面，在数据正式发布之前，需要将其在局域网内进行预发布，并将发布结果在通用浏览器上进行展示。工作人员对展示效果进行质检。网页显示效果不佳有多种原因，如果是元数据信息错误，则需要手工修改元数据信息；如果栏目或网页显示信息发生错误时，则通过后台对栏目和网页进行修改；如果是排版和页面设计有问题，则需要由工作人员对界面进行重新调整。同时，如果应实际需要，需要额外增加某专题的数据资源时，也可通过可视化后台界面对资源进行手工发布。质检合格后数据可以进行互联网正式发布。

前端展示界面通过网站形式对资源进行展示并提供互联网服务，用户可进行资源浏览和检索等交互操作。系统需要预先给出三种展示界面的模板以便提高发布效率：首页模板、资源列表页模板、资源详情页模板。工作人员也可自行设计网页，系统中需要提供接口实现后台数据和前端展示界面的链接。

网络资源采集完成后以 WARC 格式存储在分布式文件系统中，经质检合格后的数据即可作为发布级数据用于网站前端展示。发布级数据在业务进行过程中可能会有删减（应具体服务需求）以保持其总量在一定范围内。同时，质检合格后的所有 WARC 数据还需要经过进一步的加工处理提交信息技术部进行长期保存，以便在未来服务中随时进行资源检索和调用。

第三节　系统设计

一、系统需求与总体设计

1. 系统需求

传统的网络信息采集平台一般都是基于 B/S 或 C/S 系统，部署在普通服务器上。但传统的网络信息采集平台也存在一定的服务瓶颈，特别是针对大规模海量数据采集和高频率数据服务时，服务器的正常运行可能受到干扰，无法支持多个采集任务的部署。本书研究的网络信息采集与保存服务系统主要采用云技术，对采集信息筛选、信息加工的统一流程进行规范和完善，在网络信息采集与保存服务系统中分别部署不同的采集任务，可以实现海量数据的采集，以及高频率的数据采集和海量的数据存储。

系统具备如下特点：

第一，简洁性。主要指采集人员以及服务人员的操作方便快捷，在系统添加功能时，界面简洁明了，易于操作。

第二，灵活性。信息采集对象可直接配置使用，配置方法简洁快捷，可体现系统价值。

第三，低成本性。网络信息采集与保存服务系统考虑到了商业成本问题，用较低的成本实现高性能的体系应用。

第四，分布式存储。分布式存储采用微处理机，性能价格比更高。相比大型机或单个大型主机就有更强的可靠性，可以防止出现机器崩溃的情况，有一定的容错机制，保证整个系统不会因一台机器的崩溃而无法正常运行。分布式存储系统可促进系统整体的演进与扩容能力提升。

2. 总体设计

（1）云计算平台

平台采用 Hadoop 平台作为底层，通过 HDFS 分布式文件和分布式计算框架 Map/Reduce 系统进行整体工作。

利用 Map/Reduce 框架在信息采集时完成映射和采集规约处理。

利用 HDFS 分布式文件保存利用系统数据。

Hadoop 开源软件保证系统基础服务和扩展性延伸，既保证了较低的成本，同时为今后的扩容打下基础，既保证了运行效率，也保证了整体系统的安全。

（2）数据采集层

数据采集层是整个系统的核心部分。数据采集层主要针对 URL 链接进行网页的处理，抓取链接的更新和页面内容的分析，并对需要抓取的内容进行分类提取。数据采集层主要包括两大组成部分：URL 信息采集模块和 URL 信息提取模块。信息采集模块主要负责对网页链接的抓取，实现对网页链接的更新，系统的整体技术依赖于网络爬虫。信息提取模块负责完善页面内容的分析和分类提取，采用结构分析的信息分类提取法，在不同模块中利用较为成熟的解析工具实现对整体页面的结构分析和对整体内容的相关分类，并实现信息的抽取。

（3）信息显示层

信息显示层主要完成对系统运行结果的整体显示与输出。通过实现对信息采集的后台操作，实现信息提取以及分类显示。在显示过程中，主要考虑的问题是如何通过云架构更加清晰、直观和便捷地提取信息，保证用户对信息的快速获取。

网络信息采集与保存服务系统整体架构更强调分类显示，特别是对于网络信息资源的标题、时间、作者以及链接等内容进行分类化的抽取与显示。

二、系统平台建设内容

网络信息具有海量和非结构化特征，必须采用云技术和分布式存储对其进行存储与管理，同时在逻辑上要构建分层次、多级别的保存体系，实现物理上分散、逻辑上集中的信息管理模式。总体来说，内容的集成管理主要由硬件系统和基础软件系统组成，其具体组成和技术框架如下所述：

1. 硬件架构

硬件基础设施是网络信息采集与保存服务系统平台的底层架构，提供最基本的物理资源，包括计算、存储、数据和网络设备，通过虚拟化技术和集群技术把内存、I/O 设备、存储和计算能力汇集起来成为一个虚拟的资源池，以虚拟化环境提供支撑网络信息采集与保存服务系统硬件的统一管理。硬件处于技术体系的最底层，由硬件设备和虚拟化技术组成。硬件设备由现有的各类数字资源管理服务器、存储设备、网络设备等构成；虚拟化技术则是运用虚拟化技术对物理硬件层进行管理，向上提供计算、数据存储和网络通信等虚拟资源，其主要目的是将异构的底层物理资源整合成相同类型的资源池，如计算资源池、存储资源池等，以便创造协同统一的工作基础。

网络信息采集与保存服务系统平台在硬件建设方面主要包括计算资源（服务器等）建设和存储建设。计算资源用于运行基础软件系统、应用服务集成及未来扩展系统等。网络信息采集与保存服务系统以这些共享的"云存储池"为基础，通过基础软件系统中的云管理系统实现对各机构硬件系统资源的统一管理和调度。

网络信息采集与保存服务系统平台采用基础设施即服务（Infrastructure as a Service，IaaS）理念，负责提供核心计算、网络传输、数据存储等云服务的基础设施架构。IaaS 云基础设施的安全、可靠性与系统可用性，决定了网络信息采集与保存服务系统平台中基础软件系统与应用服务的健壮性和友好性，是关系网络信息采集与保存服务质量与用户满意度的关键因素[①]。

IaaS 涵盖了从机房基础设施硬件设备到云应用所有的基础设施资源层面。依据云平台 IaaS 基础设施功能与组织结构划分，可分为资源层、虚拟化层、管理层与服务层 4 个部分[②]。

资源层主要由各种云计算服务器、数据中心内部网络传输设备、云存储设备及其他云基础设施相关硬件设备组成，通过虚拟化技术将所有云计算资源、云存储资源、网络资源统一划分为虚拟资源池，由上层虚拟化层管理调度。

虚拟化层通过资源层基础物理设备支持，利用虚拟化技术将云基础设施资源和各种云应用统一划分为资源池，通过对虚拟机进行调度、管理，实现应用与服务效率最优化，确保云系统安全、高效、经济、低碳运营。

管理层通过对虚拟化层智能化、自动化的管理，实现对云系统资源的监控、报警、调度和优化，确保云基础设施资源和云应用服务的高效管理和负载均衡。按照用户对整个云资源的调度请求，按需从平台管理的资源中为用户分配所需的资源（如云计算、云存储和网络资源等），并通过初始设置后将资源访问路径返回给用户。

服务层负责用户的账户管理、服务目录管理、服务部署以及用户情况报告，通过用户自动服务门户与管理门户，实现用户云服务按需分配的自助服务，为应用和服务提供有效的基础设施服务保障。

系统安全方面，平台安全架构主要由 IaaS 安全结构、IaaS 安全机制、IaaS 安全服务 3 部分组成：

依据平台系统云基础设施资源建设模式、读者云服务提供方式与云

---

① 房秉毅.云计算国内外发展现状分析［J］.电信科学,2010（8A）:1-6.
② 马晓亭,陈臣.云计算环境下图书馆IaaS平台的技术架构与安全策略［J］.图书馆理论与实践,2012（11）1-3.

安全需求，本书将 IaaS 云平台安全结构划分为 6 个层次，依次为物理安全、设备安全、网络安全、管理安全、虚拟化安全与数据安全。针对云信息流所处位置与信息状态模式特点，将 IaaS 云平台安全机制分为信息加密、访问控制、云网络安全、云虚拟化安全、管理策略科学、数据冗余备份 6 个方面。同时，结合云平台 IaaS 安全机制特点，分别采用了相应的 IaaS 云安全服务措施，主要有防盗、防火、防雷击，设备高性能、冗余，防火墙、传输防护，补丁与配置管理，用户隔离、口令，备份、加密等。

2. 软件架构

（1）一体化的网络信息采集平台

网络信息采集应实现对不同广度、深度的网络信息的采集、加工和管理，保证网络信息采集的完整性和时效性。

一方面利用先进技术，自动追踪网站的数据更新频度和数据量变化，实现采集频度自动变化及重点跟踪；另一方面，通过出版物呈缴制度等相关法规，实现对网络资源的收集和管理。

在数据加工方面，建设网络信息资源元数据规范体系，并通过机器和人工方式，实现对所有采集数据的编目和分类索引。

网络信息采集与保存服务系统平台重点解决以下几方面问题：

一是实现采集流程的规范化。制定采集频率、采集策略、保存格式等相关标准，如《信息和文档——WARC 文件格式》、《国家图书馆网络资源建设规范》和《数字图书馆推广工程网事典藏资源联建规范》等，保证网络资源的完整性和长期可获取性，提高网络资源采集的工作效率和经济效益。

二是采集手段的多元化。针对不同采集对象使用不同类型的采集工具，实现不同语种、格式的网络信息的有效采集，保证网络信息采集的全面性和准确性。在采集方式上提供全域采集和聚焦采集两种采集方式，支持 HTTP、HTTPS、FTP、DNS 等多协议的链接的抓取操作，同时具备

HTML、CSS、FLASH、JS、PDF、DOC、XML、SWF 等多种文件格式的源代码分析功能。

三是采集平台的复用性。支持根据实际需求可伸缩部署的建设方案，便于采集规模的扩展和建设成果的推广。截至 2018 年 10 月，该平台已在广东省立中山图书馆、广西壮族自治区图书馆、云南省图书馆三个省级地方馆完成了系统的部署并进行了测试和试运行，且与国家图书馆的网络信息采集与保存服务主系统进行了关联。目前，三个省级地方馆均已在各自服务器上完成种子部署，并在项目组的指导下完成了采集、编目、索引、发布的全流程操作。系统功能正常，运行稳定，并分别出具使用报告。

（2）完善的网络信息保存中心

系统平台采用分布式存储架构和云存储技术，基于大容量的存储设备，实现网络信息的长期保存、长效可用。

按照 EB 级容量的存储架构进行设计，同时具备灵活可扩展性，能够随着数据量的增长、应用的扩展而有序地扩充保存能力和服务能力，为系统提供数据存储服务和数据空间支持。

系统平台采用统一调度、集中索引的保存模式，全面保存采集到的网络信息资源。建设完备的长期保存管理流程、操作规范，通过严格的质量管理控制保存资源的质量；参考国际通用的长期保存标准规范，应用检查、恢复、剔除、更新、迁移等技术策略，切实保障资源的长期保存。

构建开放性、拓展性、可复制的存储系统，为采集平台、分析中心提供大数据存储支持和实时数据调用服务，并且可以随着数据处理的复杂度提高、系统性能要求提高而扩展存储能力。同时，存储系统的架构可以支持位于不同地域的、多个存储系统之间的分布式存储服务，多个存储系统间可以实现数据交互。

对采集到的网络信息资源通过严格质量管理实现长期保存。数据按不同的用途保存两份，一份提供利用（称为"流通本"），按照大数据处理要求生成结构化或非结构化数据，实现资源整合，用于信息检索、数据分析与挖掘等信息服务；另一份作为存档（称"保存本"），开展质量检查并设置存取相应权限，赋予数字对象唯一标识符，按照国际长期保存标准，包括仿真、迁移等技术手段实现网络信息资源的长期保存。

（3）高效的数据分析中心

数据分析中心主要是对网络信息数据进行组织、分析与挖掘，提炼出有价值的内容，为政府组织、科研单位、国防机构等提供知识服务和决策支持。

数据分析中心的主要工作内容有：

一是利用云计算技术和并行数据库技术实现异构异源海量网络数据的离线或在线运算，提高数据处理效率。

二是利用大数据挖掘技术和人工智能技术对数据进行关联分析和深度挖掘，从大量纷繁复杂的数据中找出规律性和发展趋势，揭示事物之间的关联，提供决策建议。

三是通过数据可视化技术将抽象的数据关系通过表现元素直观地进行展示，并提供交互功能，提升服务品质。

（4）技术与应用领域创新体系建设

系统在建设过程中要实现技术和理论的创新，并且在应用过程中带动了相关行业或领域的技术革新，形成具有前瞻性和引导性的创新体系。

一是技术方面的创新，包括中文网络信息资源采集和组织管理、网络信息长期保存技术和体系、网络信息挖掘和分析、网络热点分析和追踪等方面，形成若干先进的技术专利和软件著作权。

二是网络管理手段的创新，包括网站分类、网站内容评估、网络信息筛选和过滤方面，为国家互联网管理和治理提供支撑。

三是带动其他领域的行业创新，充分发挥优质网络资源的信息价值，为文化、教育、旅游等行业提供数据咨询、信息支持和创新思路，带动行业发展和次生项目萌芽。

三、云平台技术

1. 云平台

云平台技术应用范围广泛，在企业和相关机构中得到充分运用。目前整体的发展态势主要是企业根据自身特点构建自身云平台，最典型的代表是谷歌的云计算平台、IBM 的蓝云以及亚马逊的 EC2。

（1）谷歌的云计算平台

谷歌利用自身的优势，特别是在大数据服务以及搜索引擎方面的技术优势，搭建自身的云计算存储平台。其平台的架构主要包括分布式计算以及相关的文件系统、分布式服务。

（2）IBM 的蓝云

IBM 公司也构建属于自己的云计算中心。在计算机服务和研发领域促进软硬件系统的统一管理与研发，蓝云计算平台是 IBM 根据自身企业性质定制的一套软硬件合成平台，充分结合 IBM 的自身技术、开放存取、开放标准，开放源代码，实现大规模计算，形成一个充分的云计算环境，保证数据中心的应用。

（3）亚马逊的 EC2

亚马逊是互联网在线零售商，为保证电子交易，特别是高峰期交易时巨大资金量的流动，亚马逊也利用云计算技术，搭建了属于自己的云平台：弹性云。弹性计算云可根据用户的需要定制付费内容，相关用户和公司购买即可创建属于自己的云平台。

2. 云计算

云计算与云平台的出现植根于目前海量的大规模数据处理，随着数据量的不断增长，系统对计算能力的要求超出了普通的系统架构。如果想实现快速的云计算以及大规模的云存储，必须要不断增加计算机数量，扩充计算能力，这必然导致硬件方面的投入过度。而传统的计算编程模式也存在一定的局限性。这些客观情况都促进了云计算概念的提出，必须提高系统的扩展性，开发更加方便学习与使用的新型编程框架体系。

云计算技术的主要来源为分布式计算、并行化处理以及深层计算开发，通过这些编程系统和算法，保证互联网不同应用服务的提供。关于云计算，本书建议借鉴如下定义：云是一个包含大量可用虚拟资源（例如硬件、开发平台以及 I/O 服务）的资源池。这些虚拟资源可以根据不同的负载动态地重新配置，以达到更优化的资源利用率。这种资源池通常由基础设施提供商按照服务等级协议（Service Level Agreement，SLA）采用用时付费（Pay-per-Use，PPU）的模式开发管理[①]。

云计算是服务的集合，服务层次主要包括：物理层、资源层、平台层与平台应用层。物理层是最基本的基础设施，包括最基本的计算、存储、网络等硬件资源。资源层包括虚拟仓和基础设施层，基础设施将计算机的资源和存储的内容作为服务进行出租，而虚拟层则按照用户使用流量和宽带利用率进行收费。平台层主要提供资源服务。平台应用层是服务的顶端。通过应用程序系软件系统完成系统部署，可实现用户计算机的远程云访问和云运行。

第四节　系统实现

一、网络资源采集

1. 采集软件 Heritrix

之前，国家图书馆网络信息采集与保存的采集模式是将 Heritrix 软件部署至某台服务器中，再由该台服务器单独运行 Heritrix 的采集进程，完

---

① VAQUERO L M，RODERO-MERINO L，CACERES J，et al. A break in the clouds：towards a cloud definition［J］. ACM SIG-COMM computer communication review，2009，39（1）：50-55.

成指定采集任务。这种采集模式可有效应对规模较小的网络资源采集与保存任务，但在处理规模较大的采集任务时，一些较明显的问题就会随之产生。

比如，由于 Heritrix 运行于完全隔离的服务器中，而不同采集任务的工作负荷又有较大区别，服务器的工作负载非常不均匀。部分负载较大的服务器受限于计算资源以及网络带宽，已在最大限度地下载和保存网络资源，但在另一部分负载较小的服务器中，内存、CPU 等计算资源却处于闲置状态，网络带宽也未被占用。在这样的工作时间内，浪费了处于闲置状态的计算资源。

再比如在采集质量方面，由于 Heritrix 在设计上使用广度优先的爬取算法以及软件自带的脚本解析工具，以网页的完整程度为标准，Heritrix 的采集结果无法确保较高的采集精度。在采集过程中，Hertrix 无法解决由于目标网站的爬虫设计不合理造成的网络资源无法采集的问题。在回放网络资源的过程中，由于无法确保较高的采集精度，网页回放不完整、无法正常加载等现象经常出现。

作为面向网络资源保存的采集软件，Heritrix 软件与其他爬虫相比，具有良好的可扩展性和可配置性。因此，我们为有效解决上述问题，在保留 Heritrix 可灵活配置采集范围的优点下，对 Heritrix 软件进行了二次开发。为解决服务器工作负载不均匀的问题，将 Heritrix 的采集操作集成进 Spark 计算引擎中；为确保较高的采集质量，将浏览器的内核封装进 Heritrix，替换 Heritrix 自身的解析和爬取模块。

Hadoop 项目提供的 MapReduce 框架是一种分布式的数据和计算框架。提取 Heritrix 所依赖的采集操作并将其集成进 MapReduce 框架中，可由 MapReduce 统一分配底层计算资源供采集和保存操作使用，进而有效解决服务器工作负载不均匀的问题。将 MapReduce 部署于 OpenStack 框架之上更可充分利用网络带宽。

由于 Heritrix 对指定网络资源的采集和保存操作中含有大量迭代

操作，仅使用 MapReduce 框架会带来较大的性能问题。因此，必须在 Hadoop 提供的框架基础上加入 Spark 框架，在 Spark 框架中统一管理和追踪 Heritrix 生成的采集操作。Spark 基于内存迭代计算的特点在提高管理效率的同时，可有效解决由迭代操作造成的性能问题。

浏览器内核是浏览器最重要的组成部分，负责解析网页语法和渲染网页。相较于 Heritrix 软件自身的解析和爬取模块，浏览器内核具有更加强大的解析各类脚本文件的能力。目前主流浏览器内核包括 IE 浏览器的 Trident，Safari 浏览器的 Webkit 内核，Chrome 浏览器的 Blink 内核以及 Firefox 浏览器的 Gecko 内核等。我们封装浏览器内核，以替换 Heritrix 原有的解析和爬取模块，有效解决了由于 Heritrix 解析能力不足造成的采集质量问题。由于以浏览器内核作为采集工具，这种做法也可有效抓取对爬虫做了特殊限制的网站。

2. 采集任务部署

对指定 URL 的抓取工作以采集任务为单位进行。系统的采集模块提供部署并启动采集任务的功能。采集任务开始之前，需选择一个预先配置好的采集模板以完成对采集任务部分参数的初始化设置。在创建一个新的采集任务时，首先输入需采集的 URL 信息。对指定 URL 的采集方式分为全域采集和聚焦采集两种。前者在指定的采集深度内，采集爬取到的所有目标；后者根据一定的约束规则筛选爬取目标。采集结果保存在 WARC 格式的压缩文件内。

（1）输入采集信息

开始采集任务之前，输入需采集的种子，即 URL 的相关信息，包括：

● 采集任务名称（输入只可包含字母、数字、连接符和下划线）；

● 采集任务描述；

● URL 列表。

采集任务名称用来标识该次采集任务，其应由英文大小写字符、数字、连字符（-）和下划线（＿）组成，其中不应出现其他类型的字符，且不可以为空。

任务描述用来记录该次采集任务的采集对象、采集目的等内容，其中可以出现任何类型的字符，且可以为空。

一个采集任务里可以包含一个或者多个 URL 链接。对于多个 URL 的情况，在填写 URL 信息时，以特殊符号（如换行符、制表符、逗号等）分隔各个 URL。在配置采集任务的过程中，在其他界面中预留编辑和保存采集 URL 的操作接口，或提供返回输入采集信息页面的链接。

（2）配置任务模板

采集模块提供创建、编辑和删除任务模板的功能。为简化新模板的创建过程，还提供基于已有模板创建新模板的功能，从而实现仅通过修改少量参数即可完成对新模板的添加。

任务模板中包含以下参数的设置信息：

● 是否遵循爬虫 robots 协议；

● 采集带宽限制（可配置为无带宽限制的状态）；

● 最大跳转次数；

● 采集深度；

● 采集文档数量上限（可配置为无限制状态）；

● 采集文档容量上限（可配置为无限制状态）；

● 采集时间上限（可配置为无限制状态）；

● 单一 WARC 文件大小限制；

● WARC 文件存放路径；

● 是否压缩 WARC 文件；

● WARC 文件命名规则；

● 最大尝试爬取次数；

● 两次尝试爬取操作之间的最小时间间隔；

● HTTP-HEADERS 相关信息；

● 礼貌性采集设置（采集同一域名上两个链接质检的时间间隔）；

● 日志文件存储路径。

采集任务模板中的参数设置可导出为外部文件，如 XML 文件或 TXT 文件等。同样，也可以通过导入外部文件的方式建立新的任务模板。

（3）配置采集任务

新建采集任务的过程中，选定模板之后，使用模板中的参数初始化配置采集任务的各项设置。参数初始化完成之后，允许用户修改任一参数，以采集任务为单位自定义设置采集任务。

用户可配置的采集任务参数与模板中的各项设置信息相同。

（4）全域采集

采集模块支持对指定 URL 进行全域采集，其应用于需对目标网站做全站的完整镜像备份和存储的场合。在全域采集的过程中，爬虫在指定的采集深度内，由指定的 URL 作为种子出发，按照设置的各项采集参数，爬取所有能够遍历到的采集目标，并在本地做镜像备份。

采集模块支持对遵循以下几种协议的链接进行抓取操作：

● HTTP；

● HTTPS；

● FTP；

● DNS。

在爬取文档的过程中，爬虫不断分析文档的源代码，并且从源代码中提取新的链接添加至爬取队列中。采集模块支持以下几种文件格式的源代码分析功能：

● HTML 文件；

● CSS 文件；

● FLASH 文件；

● JS 文件；

● PDF 文件；

● DOC 文件；

● XML 文件；

● SWF 文件。

采集结果保存至指定的输出目录，爬取到的文档保存在 WARC 格式的压缩文件中。如果采集的文档容量超过设置的单一 WARC 文件大小限制，能够自动分割 WARC 文件。

（5）聚焦采集

采集模块还支持对指定 URL 进行聚焦采集，其应用于仅需采集与给定主题相关的网站内容的场合，适合于网站专题建设。在聚焦采集中，能够根据指定的约束规则，筛选由种子出发所遍历到的爬取目标，仅采集和保存符合约束规则的文档，从而达到只采集专题相关内容的目的。除此之外，爬取链接的遍历方式和采集结果的保存方式与全域采集相同。

约束规则由域名前缀指定。对于爬取到的文档，采集模块只有在其对应链接的域名至少部分符合指定的域名前缀的情况下，才会对其进行采集和保存操作；否则，会忽略这个文档，继续尝试爬取下一个能够遍历到的指定域名前缀的文档。多个域名前缀之间以特殊符号隔开。

（6）采集状态显示

当配置完成并启动一个采集任务时，采集模块能实时显示该采集任务的运行状态，显示结果不会有延迟情况出现，显示的状态包括：

● 任务名称；

● 采集任务可用最大内存；

● 采集任务已用内存；

● 已采集时间；

● 当前下载速度；

● 平均采集速度；

● 已抓取文档数量；

● 剩余需抓取文档数量；

● 已抓取文档容量；

● 采集进度（以百分比显示）。

对于已采集完成的采集任务，采集模块会统计采集过程中的各项数据并在同一界面内进行显示。统计的内容包括：

● 采集时间；

● 平均下载速度；

● 抓取文档数量；

● 抓取文档总容量；

● 各类文件类型抓取数量；

● 各类文件类型容量。

（7）采集任务批量添加

采集模块支持从外部文件批量添加、部署并启动采集任务，至少支持 XML 和 TXT 两种格式的外部文件格式。在外部文件中，包括任务名称、任务描述和采集 URL 等信息。导入外部文件之前，用户可以自行选择已创建的任务模板进行采集。

3. 采集任务调度

在采集模块运行过程中，一台或者多台服务器用于对指定 URL 的采集。在每台服务器上，一个或者多个采集任务在多个线程中并行运行。采集模块提供多台服务器上多个线程之间的采集任务调度和各台服务器的线程配置功能，其维护一个由所有部署完成的待采集任务组成的任务队列，从服务器的空闲计算资源中调度待采集任务进行爬虫和抓取操作。

（1）配置服务器

采集模块内维护着用于采集 URL 的服务器列表，其以服务器所在的内网 IP 标识不同的服务器。在调度采集任务的过程中，从列表中的服务器选取一台含有空闲线程的服务器进行采集。在维护服务器列表的过程中，提供以下几项功能：

①添加服务器

添加新的服务器至维护的服务器列表中。在添加过程中，输入添加服务器的 IP 地址以标识服务器，同时采集模块还自动部署采集相关文件和运行环境至新的服务器中。

②从列表中删除服务器

从维护的服务器列表中删除选定的服务器。在删除的过程中，转移该台服务器上正在运行的采集任务至待采集的任务队列中，同时提示用户是否删除遗留在服务器上的残存文件。

③服务器线程设置

在采集指定 URL 的过程中，一台服务器上可以并行运行多个线程，在每个线程中运行一个采集任务。采集模块负责配置一台服务器中的并行运行的线程数量，在这个过程中，先选定目标服务器，在选定目标服务器之后，提供输入框或其他输入方式供用户输入编辑并保存线程数量。新添加的线程默认为闲置状态。输入的线程数量大于或等于当前线程数量。

除设置线程数量之外，采集模块还提供删除某一线程的功能。对于处于闲置状态的线程，可直接删除该线程；对于正在运行某一采集任务的线程，需终止并转移该采集任务至待采集的任务队列中，同时提示用户是否删除遗留在服务器上的残存文件。

④异常服务器提示

服务器在运行过程中，会出现无法访问或采集操作无法继续进行的情况。造成这些异常情况出现的原因包括网络问题、服务器硬件报错和服务器硬盘空间不足等。在采集过程中，如果某一服务器运行异常，则会立刻以通知或者邮件的方式给出异常运行的提示，并给出可供参考的异常运行原因。

（2）采集任务列表显示

采集模块能以列表方式显示全部采集任务，显示的任务包括：

● 已采集完成的采集任务；

● 正在运行中的采集任务；

● 正在排队等待采集的任务；

● 异常终止的采集任务。

在查看采集任务时，能够按上述采集任务状态分别查看各类型采集任务。

显示列表还提供对采集任务的自动排序功能，排序方式包括：

● 按任务名称排序；

● 按任务状态排序；

● 按启动时间排序。

显示列表还提供对采集任务的检索功能，检索方式包括：

● 按任务名检索；

● 按时间区段检索。

在检索功能中，显示列表还支持以上几种检索方式的组合检索功能。

（3）终止采集任务

由于部署错误或者其他原因，有时需终止某一采集任务。采集模块提供终止某一采集任务的功能。终止采集任务之后，会提示用户是否删除服务器硬盘上的残留文件，但保留一些采集相关的信息，如采集时间、平均下载速度等。

（4）采集任务续采

由于服务器运行异常或其他外部原因，部分场合下需暂时停止某一采集任务。对于这类采集任务，为节省采集时间，采集模块提供续采功能，可以在暂停前的基础上继续之前的采集任务，进而避免重复下载。

在暂停之后，记录当前采集任务的各项采集参数和待采集的 URL 队列。处于暂停状态的采集任务会被移至一个全部暂停任务的队列，采集模块标记该任务所在线程为闲置状态。在用户重新启动该采集任务后，将该采集任务移至待采集任务的队列并等待调度。

续采任务完成之后，采集模块能够自动整合续采文件与任务暂停之前抓取到的文件，同时，还对整合后的全部抓取内容做统计和显示，如采集时间、抓取文档数量和抓取文档容量等。

（5）自定义任务顺序

采集模块维护一个由所有部署完成的待采集任务组成的任务队列。用户可查看该队列及其中各个采集任务，也可以自定义修改采集任务在队列中的顺序，自由将某一采集任务的顺序提前或延后。采集模块还提供将某一采集任务提前至队列最前端的功能以提高修改任务顺序的效率。

4. 采集资源归档

资源采集完成后，采集模块将抓取到的采集结果转移至分布式文件系统中，做统一组织和存储。系统自动将其对应的采集结果存储至分布式文件系统中，并显示存储路径。在转移采集结果的过程中，系统还提供实时查看存储进度的功能，以百分比方式显示存储进度。

二、网络资源的回放与编目

1. 数据存储与回放软件

（1）数据存储

当前有两个问题：

一方面，一直以来，对于国家图书馆抓取到的网络资源，Heritrix 软件采取以采集任务为存储单位的保存策略。各采集任务将下载文件存储在 WARC 格式的文件中，并进一步做 GZ 格式的压缩处理以达到节省存储空间的目的。存储介质为服务器本地硬盘存储空间及通过光纤线连接至服务器的存储域网络。

直接存储至服务器自身存储空间的存储策略限制了 Heritrix 软件对于网络资源在单次采集中的最大抓取数量。在抓取容量较小的网络站点时，Heritrix 软件可在单次采集任务中顺利完成采集，但在抓取容量超出服务器自身存储空间的网络时，Heritrix 软件的抓取能力则受到限制，无法在正常情况下完成采集，必须采取某些折中策略，如使用检查点进行断点续采，限制采集层数以减小采集数量和提取子网页进行采集等。不论哪种折中策略，均会带来额外的维护开销或者影响采集质量。

另一方面，虽然以采集任务为存储单位保存网络资源的存储策略提供了一种结构清晰的存储结构，但由于各个采集任务之间相互独立，且可能分布在不同服务器上，系统无法检验不同采集任务之间重复采集的完全相同的网络资源。这会带来一定程度上的额外的存储空间开销。在多次采集同一网络站点时，这一问题更加严重。换言之，这种存储策略无法供增量式采集方式使用，加大了存储负担。

为有效解决上述两个问题，我们对网络资源的存储方式进行更改，并按照新的存储方式对 Heritrix 软件完成二次开发，调整 Heritirx 软件的写入模块。

Hadoop 项目包含的 HDFS 分布式文件系统提供了一种高容错、高吞吐量、可部署至多台异构服务器上的大容量存储解决方案。与 OpenStack 一起使用还可以最大限度地减小硬件异构性带来的影响。HDFS 文件系统适合存储较大文件，但受文件存储机制所限，无法在较短时间内响应随机访问文件的请求。

使用 WARC 文件存储网络资源的存储方式以文件为单位线性存储网络资源，可以有效地将较零碎的网络资源与元数据信息一起存储在一个或多个较完整的 WARC 文件中。将 WARC 文件直接存储至 HDFS 系统中可有效解决大容量网络资源的存储问题。然而，由于需频繁访问 WARC 文件中存储的任意网络资源以完整回放网页，这就要求网络资源保存的存储方式，需要能够在较短时间内响应大量对文件的随机访问请求，而 HDFS 文件系统无法满足这一需求。

在 Hadoop 相关的研究成果中，为解决 HDFS 文件系统无法高效存储小文件的问题，HBase 在 Hadoop 的基础上提供面向列的非结构化数据库的相关功能，适合存储零碎的、较小的文件。Heritrix 抓取到的绝大部分网络资源均是非结构化的零碎文件，如脚本文件、图片文件和文本文件等。因此，HBase 非常适合存储 Heritrix 的抓取结果，修改 Heritrix 并将抓取到的网络资源存储至 HBase 存储集群中是一种高效率的网络资源存储方式。

此外，借助于 HBase，可将各采集任务抓取到的网络资源及其元数据进一步融合，作跨服务器的统一管理。全部网络资源的统一管理使各采集任务之间不再孤立，HBase 的高性能也为校验并剔除重复网络资源提供了实现方式，这为增量式的采集方式提供了可能。

（2）回放软件

OpenWayback 软件基于 WARC 文件标准（ISO 28500）实现，通过建立索引的方式在浏览器端回放 WARC 文件中存储的网络资源。在使用 OpenWayback 之前，需对其进行配置，主要配置项目包括接入点的访问链接、索引文件的类型以及 WARC 文件在操作系统可识别的文件系统中的存储路径。

若 OpenWayback 独立部署在各台服务器中，受限于服务器的存储和计算能力，为提供针对网络资源的回放服务，必须使用多个不同链接访问 OpenWayback 提供的内容。为了使 OpenWayback 能够直接访问 WARC 文件，必须使 WARC 文件与 OpenWayback 处于同一服务器中。这都带来了不必要且过分烦琐的维护开销。

如前文所述，通过 HBase 可改进 Heritrix 对于抓取到的网络资源的存储方式。相应地，也可以通过 HBase 改进 OpenWayback 对于网络资源的访问方式。HBase 使 OpenWayback 可以通过统一的访问接口回放网络资源，减小了数据维护的开销，统一的文件系统也可使 OpenWayback 不再与特定文件绑定在同一台服务器中。

2. 网络资源回放

资源回放模块负责为分布式文件系统中保存的采集结果建立 URL 索引和全文索引。建立 URL 索引的目的是为了在浏览器端通过具体的 URL 完整回放 WARC 文件中的内容；建立全文索引的目的是为了在搜索引擎中检索采集到的内容中保存的相关信息。索引建立过程中，该模块应直接在分布式系统中完成读写文件的操作，不应在服务器的本地硬盘中操作。该模块还需实时显示索引建立状态，对于索引完毕并生成回放链接地址的采集任务，工作人员可通过其回放链接地址对该资源的网页内容进行展示，并进行质检，质检合格后的资源将其回放链接地址保存在系统结构化数据库中。

（1）建立索引

列出所有已完成采集的任务，其中包括已建立索引和未建立索引的采集任务。对于已建立索引的采集任务，标明已为其建立何种类型的索引文件。列表中的每一条记录包含以下信息：

- 任务名称；
- 采集完成时间；
- 抓取文档数量；
- 抓取文档容量；
- 跳转至浏览任务详细信息的按钮；
- 跳转至索引建立详情的按钮；
- 是否已建立 URL 索引；
- 是否已建立全文索引；
- 获取回放链接地址。

在建立索引之前，可通过可视化界面提取 wayback 目录下的配置文件"CDXCollection.xml"和"wayback.xml"并对其中的参数进行配置修改。其中，工作人员需对"CDXCollection.xml"中的索引位置属性"CDXSources"进行配置，对"wayback.xml"中的回放链接属性"accessPointPath"进行配置。参数配置完成后启动 wayback 建立索引并回放。

对于正在建立索引的采集任务，在列表每条记录的结尾处以百分比的形式实时显示索引建立的进度。

在列表中，能够选中一个或多个目标采集任务。对于选定的采集任务，用户能够执行以下几项操作：

- 为选定采集任务建立 URL 索引或全文索引；

● 删除采集任务对应的 URL 索引或全文索引（在索引文件已建立的情况下）；

● 为采集任务重新生成索引文件。

（2）索引建立过程监控

在用户确定为选定的已审核采集任务建立 URL 索引或全文索引之后，索引模块自动为采集任务对应的采集结果建立相应索引文件。生成的索引文件可直接在分布式文件系统中编辑和存储，不必反复提取至本地硬盘上进行操作。

由于建立索引的时间较长，一般为数小时至数天，采集模块中设立独立板块用于实时显示索引文件的建立进度和详情。在该界面实时显示以下几项内容：

● 各 WARC 文件名称列表；

● 各 WARC 文件大小；

● 对应采集任务名称；

● 百分比形式的索引建立进度，包括进度条图标和数字；

● WARC 文件中包含的全部文档数量；

● 已建立索引的文档数量；

● 已耗费时间；

● 预估剩余时间。

上述显示项目均实时显示，没有延迟显示的情况出现。在该界面内设置自动刷新的功能供用户查看，刷新频率由用户指定，两次刷新操作的间隔时间以秒为单位。

（3）生成回放链接和质检

在为某一已审核采集任务完成 URL 索引的建立操作之后，自动生成进行回放的链接地址，为用户发送索引建立完毕的通知，通知内容中包括回放地址及各项统计信息。

索引建立完成后进入质检环节。工作人员可使用浏览器通过回放链接对资源进行展示，检查资源显示是否正常、有无死链接和错误链接等问题，质检合格后将回放链接地址存储在系统数据库中，若质检不合格则可重新建立索引，或由工作人员重新对资源进行采集。

3. 网络资源编目

采集任务确定后，工作人员即可通过编目模块对资源进行编目操作，用以记录采集任务的详细描述信息。编目模块可根据采集模块输入的采集信息自动填充部分编目项，其余编目项由用户通过可视化操作界面进行手工输入和编辑。编目操作以采集 URL 为单位进行，需填入的编目信息包括：

- 任务名称（系统自动填入）；
- 其他名称（由编目人员填入）；
- 创建者（系统自动填入）；
- 主题（即关键词——由编目人员填入）；
- 描述（即摘要——由编目人员填入）；
- 采集 URL（系统自动填入）；
- 事件发生时间（由编目人员填入）；
- 采集时间（系统自动填入）；
- 资源类型（整站、频道、网页或其他——由编目人员填入）；
- 内容分类（文学、科技、政治等——由编目人员填入）；
- 中图法分类号（由编目人员填入）；
- 是否属于专题资源（由编目人员填入）；
- 专题名称（由编目人员填入，可为空）；
- 专题介绍（由编目人员填入，可为空）；
- 语种（由编目人员填入）；
- 国别（由编目人员填入）；
- 采集任务版权信息（由编目人员填入）；
- 采集结果回放地址（索引建立完成后由系统自动填入）；

● 备注信息（由编目人员填入）。

编目结果存储在数据库中，能够自动导出为 XLSX、TXT、XML、CSV 等多种格式。工作人员可以对所有任务进行检索，并对某条或多条任务记录的元数据信息进行单独或批量修改。

三、网络资源的管理与发布

网络资源内容管理是对资源、栏目、界面、功能进行统一维护和管理的核心功能模块。内容管理能够实现数据的导入和编辑、栏目的自定义和逻辑关系管理，并支持对用户界面和功能进行自定义。资源发布是将检查合格后的资源以合理的方式呈现在网站上，并提供推荐、检索等服务。

1. 管理平台

管理平台界面全部实现可视化操作，工作人员通过登录 Web 界面可对系统各项功能进行操作并实现针对不同资源的管理。平台支持 IE、Chrome、Firefox 等主流浏览器，系统功能设计和流程简洁明了，标签定义清晰。整个管理平台在开发过程中，综合使用了 Java、Hibernate 等多种技术，保证了系统的先进性、适用性和开放性。

Java 语言在基于 Web 的项目开发中具有得天独厚的优势。各种 J2EE 框架面对不同的业务需求提供了丰富的解决方案。其中，由 Struts，Hibernate 和 Spring 组成的集成框架是目前比较流行的一种 Web 应用程序开源框架，能够有效解决企业应用开发的复杂性。

Struts 是 Apache 软件基金会（ASF）赞助的一个开源项目。它最初是 jakarta 项目中的一个子项目，并在 2004 年 3 月成为 ASF 的顶级项目。它通过采用 JavaServlet/JSP 技术，实现了基于 JavaEEWeb 应用的 MVC 设计模式的应用框架，是 MVC 经典设计模式中的一个经典产品[①]。

---

① 李刚.轻量级 Java EE 企业应用实战［M］.3 版.北京:电子工业出版社,2012:363-533.

　　Hibernate 是一个开放源代码的对象关系映射框架，它对 JDBC 进行了轻量级的对象封装，使 Java 程序员可以随心所欲地使用对象编程思维来操作数据库。它不仅提供了从 Java 类到数据表之间的映射，也提供了数据查询和恢复机制。相对于使用 JDBC 和 SQL 来手工操作数据库，Hibernate 可以大大减少操作数据库的工作量。另外 Hibernate 可以利用代理模式来简化载入类的过程，这将大大减少利用 Hibernate QL 从数据库提取数据的代码的编写量，从而节约开发时间和开发成本。Hibernate 可以和多种 Web 服务器或者应用服务器良好集成，如今已经支持大部分的流行数据库服务器[①]。

　　目前的主流数据库依然是关系数据库，而 Java 语言则是面向对象的编程语言，当把二者结合在一起使用时相当麻烦，而 Hibernate 则减少了这个问题的困扰。它完成对象模型和基于 SQL 的关系模型的映射关系，使得应用开发者可以完全采用面向对象的方式来开发应用程序。这就是关联关系分析工具借助于 Hibernate 而非通过 JDBC 手工编写相关代码去访问存储在 Oracle 数据库中的故障数据的主要原因。

　　Spring 是一个用于构造 Java 应用程序的轻量级框架，其为应用开发提供了一个轻量级的解决方案。该解决方案包括：基于依赖注入的核心机制，基于 AOP 的声明式事务管理，与多种持久层技术的整合，以及优秀的 Web MVC 框架等。Spring 致力于 Java EE 应用各层的解决方案，而不是仅仅专注于某一层的方法。可以说，Spring 是企业应用开发的"一站式"选择。Spring 贯穿表现层、业务层、持久层。然而，Spring 并不想取代那些已有的框架，而是以高度的开放性与它们无缝整合[②]。

----

　　① 宋汉增,沈琳.利用Hibernate对象持久化服务简化Java数据库访问[J].计算机应用,2003,23(12):135-137.

　　② 李刚.轻量级Java EE企业应用实战[M].3版.北京:电子工业出版社,2012:363-533.

2.数据导入

将网络信息回放链接和编目信息导入系统的结构化数据库中，具体功能如下：

● 数据导入支持多种文本形式的编目文件的输入，如："xlsx""txt""xml""csv"。系统应当能够完成不同格式编目文件之间的转换并将编目信息自动化批量导入数据库中；

● 可以对单一任务或多个任务进行可视化手工导入，手工导入时可以通过文件输入，也可以通过可视化界面进行信息输入；

● 数据导入完毕后给出导入完成的提示，若导入出错则给予错误提示，以便工作人员重新导入；

● 数据导入完成后，工作人员可以查看全部导入数据，导入数据以清单进行显示，即列出所有导入的采集任务。

工作人员可以对任务列表中的某条任务的编目信息进行增删改等操作。

3.数据管理

后台能够以列表形式列出所有回放质检合格的采集任务。列表记录过多时，能够自动分页显示。

每一条资源记录显示以下信息：

● 任务名称；

● 其他名称；

● 创建者；

● 主题（关键词）；

● 描述（摘要）；

● 语种；

● 国别；

● 采集 URL；

● 采集时间；

● 内容分类；

● 资源类型（整站、频道、网页、其他）；

● 是否属于专题资源；

● 专题名称（"是否属于专题资源"值为"是"，否则本字段信息为空）；

● 回放链接地址。

工作人员可以选中任务列表中的某条数据进行增删改等操作。记录显示顺序也可按以下几种方式重新自动排序：

● 按"任务名称"排序；

● 按"采集时间"排序；

● 按"资源类型"排序；

● 按"专题名称"排序；

● 支持自定义字段排序。

系统支持按照以上关键词进行检索并显示任务列表。可以按照采集时间段和自定义字段进行检索和显示。

系统提供资源管理功能使工作人员对网站资源或专题资源进行分类，或按需求创建、删除和编辑专题资源。

（1）资源类别编辑

系统前端展示资源时，以类别为单位组织网站或专题资源，如类别可以为：科学技术、民俗文化、环境保护、治国理政等。系统提供包含输入接口的界面用于实现创建、编辑和删除资源类别的各项功能。

创建和编辑资源类别时，提示工作人员输入以下几项信息：

● 类别名称；

● 类别描述（可为空）；

● 类别图片（由用户上传）。

系统允许工作人员维护和更新某一类别内的所有资源，并由系统自动更新资源数量。

在删除某一资源类别时，如果该类别内资源数量大于零，会提示工作人员是否确认删除该项资源类别。删除这样的资源类别时，应将该类别内全部资源的"内容分类"一项置空。

（2）增加、编辑和删除专题

系统提供增加、编辑和删除某个专题的功能。在专题编辑页面中显示以下专题信息：

● 专题名称；

● 专题所属类别（可为空）；

● 专题图片（由用户上传，可上传多张）；

● 专题关键字；

● 专题描述；

● 专题时间（包括专题的起始时间和结束时间）。

工作人员可以增加专题，也可以选中某个专题对其信息进行编辑和修改。

系统还提供删除指定专题的功能，在删除所选专题之前，应给出是否确认删除所选专题的提示框，如果删除某个专题，则把该专题下所有资源的"专题名称"一项置空。

4. 栏目管理

栏目管理方面，以结构化方式展示各级栏目，功能上包括栏目的增加、删除、修改栏目名称等。根据需求变化，可以灵活调整各级栏目之间的关系，包括栏目包含关系、逻辑关系等。同时，提供对所属栏目资源的增加、删除和修改等功能。

此外，根据国家图书馆互联网信息保存保护中心网站服务要求，系统还可对新闻动态、网站存档介绍、代存档服务、联系方式、免责声明等栏目提供管理编辑等功能。这些栏目有固定的模板，只需进行相关信息的修改即可。

5. 界面管理

界面管理的目标是实现栏目、内容在界面上的动态链接和展示，并且可以对栏目和内容进行增、删、改等。系统可提供以下 3 类页面模板供工作人员选择和使用：

（1）首页模板

系统提供网络信息服务网站首页展示，展示以下必要内容：

● 栏目展示：包括专题保存、网站保存等，以及工作人员根据需要自定义的各项栏目等；

● 推荐资源展示：以图文形式展示推荐的专题资源和网站资源，包括标题、简介、采集或发布时间等必要信息；

● 信息展示：包括必要的业界新闻动态、网站存档介绍、代存档服务、联系方式、免责声明等；

● 功能展示：支持资源全文检索、热词推荐、资源统计等。

（2）资源列表页模板

资源列表页模板对所有专题资源或网站资源进行列表显示，每条资源包括必要的展示图片、标题、内容简介等。页面显示资源总数、总页数、当前页码，并提供首页、尾页、翻页功能。页面上支持按照年份、主题等对资源进行排列。

（3）内容详情页模板

内容详情页模板对每条资源详细展示，包括：资源标题、采集来源、采集时间等。用户通过点击某条资源可通过回放链接查看网站采集内容。

此外，为实现个性化服务和满足未来网站服务需求，界面展示模板提供内容与界面链接的接口和机制，以便工作人员重新设计页面并实现与后台内容的动态链接。

6. 功能管理

后台支持通过可视化界面对发布的功能参数和配置进行修改，如可视化效果、热词、资源推荐等。

（1）可视化效果

在已有模板的基础上，后台可以对图标进行更换，并支持标题和内容字体格式的修改。

（2）热词

后台支持自定义热词，在前端展示中有热词区域，用户可以点击其中的热词，系统会检索出所有相关的资源并展示在页面上。

（3）资源推荐

后台设置资源推荐功能，支持将已有任务添加到推荐资源中，在前端展示中有资源推荐区域，用户点击某条资源即可在页面中进行展示。

后台和前台均能够实现对已有资源进行关键词检索，后台资源检索主要用于对系统所管理的所有资源（任务）的检索，以便对该资源进行查看信息、修改元数据信息和所属栏目等操作。前台资源检索主要满足用户对网络信息资源的检索需求。

检索方式包括以下几种：按关键词进行资源题名、专题名称和全文检索，按采集时间所处时间区段检索，自定义字段检索。后台管理还应支持上述几种检索条件的组合检索方式。

后台支持统计功能，包括：资源发布情况统计、资源访问统计。其中，资源发布情况统计包括：网站已发布数据总量，包括专题数量、资源数量等。资源访问统计包括：浏览量 PV、访问次数、独立访客数 UV、新访客数、新访客比率、平均访问时长、平均访问页数、平均访问深度。

显示方式应按照日期、资源类型进行显示，包括表格和柱状图两种方式。

7. 发布服务

数据发布包括预发布与正式发布两部分。预发布是在正式发布之前，将资源在局域网进行发布，工作人员通过浏览器对网站显示效果进行质检，质检通过后再通过互联网进行正式发布。

数据预发布后以单独页面展示，工作人员对展示效果和数据内容进行审核。对于审核中出现的问题，工作人员可就问题情况进行简要说明，其他工作人员根据问题说明进行针对性的修改。

数据正式发布后，可以根据需要提供展示服务。展示服务以 HTML、CSS、JavaScript、Ajax 等为基础构建用户界面，并提供前端展示、功能与管理后台的连接。前端展示页面供用户浏览采集完成并成功完成回放操作的网络资源，展示方式包括列表展示和专题展示，并且能够根据用户输入的条件筛选展示内容。此外，该模块还提供资源检索的功能。

（1）列表展示

服务页面能够以列表方式展示采集完成并回放合格的网站资源。该列表按网站资源所属的不同类别进行组织，其中，每种类别下的资源可以按照如下方式进行排序：

● 默认按网站名称首字母排序，其中网站名称指编目条目中的网站名称；

● 按网站域名首字母排序，其中网站域名指一级域名，一级域名相同的情况下按二级域名排序，依次类推。

列表展示页面应能够通过页面跳转打开并显示内容详情页，该页面中显示的内容包括：

● 网站名称；

● 网站描述信息；

● 采集 URL；

● 采集日期；

● 回放地址。

对于同一网站多次采集的情况，服务页面以日历方式显示采集日期，并由用户指定回放特定日期中采集的网站。

（2）专题展示

服务页面能够按照工作人员在后台中编辑的专题信息以专题为单位

展示网络资源。页面显示专题详细信息和该专题的资源列表。需显示的专题信息包括：

- 专题名称；
- 专题所属类别；
- 专题图片；
- 专题关键字；
- 专题描述；
- 专题发生时间或时间段。

在专题内资源列表的显示页面，能够按指定顺序对资源列表进行排序，排序方式包括：

- 按资源名称排序；
- 按采集域名排序；
- 按采集日期排序。

（3）代存档服务

服务网站提供代存档功能，在服务网站给出一个文本框和说明信息。由用户在文本框中输入需要代存档网站的网址、网站描述、提出代存档请求的用户信息等，同时需要给出电子邮箱或其他联系方式，以便进行沟通。信息输入完成后，点击提交发到系统中供工作人员查看。工作人员审核通过信息后，据此进行网络资源采集。采集完成后，用户可在回放页面中查看代存档的网站。

第六章　构建完善的网络信息采集与保存服务体系

网络信息保存的根本目的在于充分利用信息价值，以全面采集、组织和分析网络数据信息，针对不同需求提供高水平、多层次的服务。构建完善的网络信息保存与服务体系，能够为国家政治、社会、经济、科研、教育、文化等领域的发展提供重要的资源和信息参考，有助于国家竞争力和综合国力的提升。

第一节　服务对象

网络信息的服务具有开放性、全面性和复杂性的特点。开放性是指：由于网络的互联互通，信息的传播也超出了某些机构、行业和个人的范畴，全球各个国家和公民都处于一个开放的信息环境下。互联网技术的发展和应用以及各种智能化移动设备的普及，为信息的传播提供了多种渠道和方式，民众可以随时随地获取所需信息，信息获取更加自由，信息服务模式也更加开放。全面性是指：网络环境下，社会各行业和各机构都在源源不断地产生大量的信息并借助各种渠道广泛传播，这就决定了网络信息服务的对象具有全面性的特征，即服务对象是面向全社会群体的，包括各行业的机构、组织、人群，也包括不同的用户个体。全面性还表现在服务需求具有深刻的复杂性，每类群体、机构或用户对信息的需求极其广泛但又各不相同，只有满足各行各业从业者和机构单位的信息需求，才能全面推进社会的发展和进步。

以上三个特点相互依存，共同构成了网络信息服务不同于其他文献资料服务的特殊情况。结合网络信息服务的开放性、全面性和复杂性特点，依据不同的需求，将网络信息服务对象分成以下几类：

1. 党政机关、事业单位、行业协会、社会团体

这类单位承担政府和社会管理的职能，主要通过法律和行政手段对党政、各行业、各类人群进行组织与管理，保障国家政治、社会、经济等的正常运行。这类单位的需求主要是通过对不同领域和行业的网络信息进行分析，掌握发展现状，及时发现问题，为制定决策提供科学的分析意见和可靠的情报参考。

2. 科研教育机构

科研教育机构是指以明确的研究方向、任务或以培养人才为职责，有一定水平的学术带头人和一定数量、质量的研究人员，又开展研究工作的基本条件，长期有组织地从事研究开发活动或教书育人的机构。科研教育机构在促进我国科学研究、进行技术变革创新、促进社会生产力提高和民众生活文化等方面具有重要的作用。面向这类单位开展网络信息服务能够为之提供原生网络信息资源、重要的科学研究数据和资料，以及重要的学术研究报道和发展趋势等信息，从而为科研教育事业的顺利发展提供重要的情报支撑。

3. 企业

企业是市场经济活动的主要参与者，是以营利为目的，运用各种生产要素（土地、劳动力、资本、技术和人力等），向市场提供商品或服务，实行自主经营、自负盈亏、独立核算的法人或其他社会经济组织。企业的网络信息服务需求一般在于获取行业发展数据或信息，并据此进行改进，以获得更好发展。同时，企业通过网络信息挖掘还能掌握客户需求，为实现更具有针对性的服务提供支持。

4. 社会大众

社会大众的网络信息需求以获取文化和知识，满足个人发展和增长见识为主，其中也有一些专家学者通过网络信息来进行科研活动。这就要求网络信息服务要面向大众开展公共文化和信息传播，以社会热点、重要事件和民众喜闻乐见的文化类、知识类信息为主题，通过对信息进行有序组织与发布，满足民众的一般性文化知识需求。同时，在深入分析用户需求基础上，开展个性化信息服务，提高服务效益。

第二节　服务内容

开展网络信息服务可充分利用网络信息采集和保存成果，针对不同需求，全面采集、组织和分析网络数据信息，面向用户提供高水平、多层次的服务。

一、面向中央和国家领导机关的决策支持服务

项目组国家图书馆高度重视作为我国战略性资源的海量网络信息，着眼于国家信息安全与社会信息化建设的长远发展，为中央和国家领导机关的发展规划和重大政策制定等提供数据保障和智力支持。同时，通过基于网络信息的数据整理和挖掘大力推进社会热点问题及专题性信息资源库的建设，加强网络舆情汇集与分析，不断增强网络安全保障能力，进一步推动我国由"网络大国"迈向"网络强国"。

二、面向科研教育机构的学术研究服务

以重点科研生产单位、教育研究机构为服务对象，利用强大的信息资源优势，建设和完善专业化、规模化、现代化的网络资源储备库。加强科学研究性信息数据的收集整理，通过数据挖掘、关联分析等加工处

理，依据研究机构和用户的不同需求有针对性地提供特色学术研究信息服务，与相关科研与教育机构形成合力，为社会进步和科技创新增添原动力。

三、面向企业的行业调研与需求分析服务

基于重点行业和领域的企业需求，为企业提供第一手网络信息资料，对相关产业发展现状和发展趋势进行总结分析，为企业合理安排组织、决策、生产、经营等工作，为促进企业更好发展提供科学客观的依据。同时，对企业的用户群体进行分析，掌握客户需求，为企业提升产品和服务的竞争力，满足用户需求，为提高企业营利能力和综合实力提供支持。

四、面向社会大众的信息检索与揭示服务

在统一管理的基础上，通过各种新媒体向社会大众提供全面的历史性和积累性网络信息查询与揭示服务。此外，网络信息保存成果将以先进技术为支撑，向公众提供精准权威的网络信息发布服务，从而有效提升我国全民知识信息共享水平。

第三节　服务方式

通过多种渠道和手段开展网络信息服务，促进服务范围的扩大和效益的提高，具体来说，主要有以下服务方式：

一、构建网络信息服务平台，实现资源汇集和一站式知识服务

平台化是网络服务的新模式，它顺应了网络技术开放与互联的潮流，具有强大的功能性、适应性和灵活性。平台以云技术模型为架构，能够

实现各行业不同部门、不同单位网络数据的分类和汇聚，消除资源分散、知识密度低的"孤岛效应"，为民众提供网络信息领域的一站式检索与资源浏览服务。平台的决策管理采用联盟机制，由各数据提供单位和重点应用部门等共同组成，负责制定网络资源保存与应用各类相关标准及有关共建共享的规则，共同投入，利益共享。平台的运营管理则由第三方技术支持部门承担，主要负责在技术上为各类网络资源大数据的整合、交汇和综合利用，以及安全维护、利益分配和知识产权保护等提供支撑。

平台提供与第三方机构的应用接口，便于科研机构和人员获取规范化的网络信息资源数据进行研究。平台采用最新的信息技术和智能化算法，能够对分布式异构网络信息数据进行深度分析、关联和价值挖掘，通过可视化方式向用户提供知识服务。平台的建立将有助于各单位数据和服务的共建共享，提高网络信息服务的规范化和规模化，有助于建设覆盖全国和各行业的信息网络，便于各单位之间，以及与第三方机构之间进行合作和交流。

二、合理利用多种媒体终端和渠道，实现网络信息的广泛传播

新媒体服务主要是指通过互联网、移动通信网、广播电视网等渠道，利用网站、智能化移动设备、可穿戴设备、虚拟化信息技术等来提供网络信息的服务方式。

移动新媒体服务可借助移动平台，如手机、平板电脑、可移动式媒体，实现网络信息的自由式传播。用户能随时进行信息内容的沟通和交流。人们可以通过移动媒体进行信息共享，可以在任何时间、地点获取信息资讯，享受新媒体提供的文化便捷。

新媒体环境下，网络信息的形态和内容更加丰富多彩。门户网站的建设可实现网络信息内容的统一发布与推送；可视化技术可以对资源进行更好的呈现，并实现用户与应用的交互，提升使用体验。加强网络信息服务产品和 APP 的开发，基于网络信息数据，利用虚拟现实、增强现

实等信息技术为用户创造新的网络信息展示空间与互动方式。

三、充分发挥自媒体优势，促进优秀网络内容的产生和传播

在互联网的影响下，用户产生内容（User Generated Content，UGC）迅速发展。社交网络不断普及并深入人心，由此产生了海量的用户数据。大数据技术将会使得公共文化机构的服务有的放矢，这既能激发群众的信息需求，又可引导公共文化产品的生产。大数据颠覆了传统的公共文化机构从资源到服务的全程单向提供的传统流程，改为直接由需求驱动，由用户有意识地创造和提供内容，或者以用户在使用公共文化服务的过程中自然产生的行为数据作为资源内容。这样既能分析用户需求，又可以发挥广大用户群体的智慧和民间力量建设优秀的网络内容资源，并促进网络信息的更广泛、更深入传播。

四、加强线上展示与线下宣传力度，构建 O2O 的网络信息传播模式

移动互联网环境下，O2O 服务的应用有利于公共文化单位专业优势的发挥，有助于提升网络信息服务水平。网络信息服务的关注重点不仅要放在线上虚拟服务上，还要放在线下实体服务中，其中线上虚拟服务注重用户需求的传递，线下实体服务注重的是与用户的直接交流。因此，网络信息服务 O2O 模式的发展可尽量融合线上系统和线下服务，构建协同平台来支撑运行体系，并利用系统优势，进一步把服务内容精准化，实现线上功能创新化，线下服务完善化，使网络信息资源价值得到充分增强，让用户最大限度地使用网络信息，使网络信息资源的品牌实现和服务推广都得到有效的促进。

第七章　网络信息采集与保存工作展望

国家数字图书馆以保存人类文明为职责，是国内重要的文化知识传播中心。加快推进网络信息资源采集、保存和服务利用，对承载中华数字记忆、弘扬优秀文化、促进人类信息发展具有重要战略意义。

第一节　建立全国公共图书馆的网络信息采集与保存联合建设机制

通过调查我国地市级和省级图书馆在网络信息采集与保存工作方面的认识与开展情况，我们认为图书馆人员关于网络信息资源的认知程度较为深入。经过近年的发展，网络信息采集与保存资源联合建设在全国实现了跨越式发展，具备了一定基础。网络信息资源联合建设工作要抓住机遇，在图情行业积极扩大网络信息资源联合建设的认知度，突出网络信息资源的宝贵藏用价值、共建共享的巨大作用和优势。同时，要积极提供各项支撑服务，满足图书馆参与网络信息资源联合建设的需求。图书馆从事网络信息保存与服务具有多项优势，如国家图书馆的网络信息资源采集与保存工作已初具规模，具备完整的工作流程，提供馆内用户服务，截至 2019 年，数据总量为 200TB，国家图书馆开发的网络信息采集与保存的软件已经在全国三个省份进行了试点推广，可以考虑从国家层面出发，由国家图书馆牵头，全国图书馆为主要参与者，共同构建面向全国的网络信息资源采集与保存服务的合作体系。

第二节　在图书馆界建立并完善网络信息采集与保存服务协作平台

国家数字图书馆的基础设施为我们开展网络信息采集与保存服务的研究与实践提供了有力的支撑，硬件基础设施的共享为海量网络信息的存储与保存提供最基本的物理资源，包括计算、存储、数据和网络设备；通过虚拟化技术和集群技术把内存、I/O 设备、存储和计算能力汇集起来，成为一个虚拟的资源池，构成的虚拟化环境可提供硬件系统统一管理的能力。

网络信息采集与保存服务平台硬件系统处于平台技术体系的最底层，主要涉及硬件设备和虚拟化技术。硬件设备由国家数字图书馆各类数字资源管理服务器、存储设备、网络设备等构成；虚拟化技术则是对物理硬件层进行管理，向上提供计算、数据存储和网络通信等虚拟资源，其主要目的是将异构的底层物理资源整合成相同类型的资源池，如计算资源池、存储资源池等，以便创造协同统一的工作基础（见图7-1）。

网络信息采集与保存服务协作平台硬件系统建设方面主要包括计算资源（服务器等）建设和存储建设。计算资源用于运行支撑平台的基础软件系统、应用服务集成及未来扩展系统等。平台以共享的"云存储池"为基础，通过基础软件系统中的云管理系统实现对全国硬件系统资源的统一管理和调度。

网络信息采集与保存服务协作平台软件架构主要由平台基础软件系统，即云管理系统组成，分别在不同层级图书馆和机构进行部署，并一一对接。云管理系统主要实现对不同层级图书馆硬件系统的综合使用管理，形成统一视图，实现对全国图书馆存档的网络信息数据服务的基础支撑。

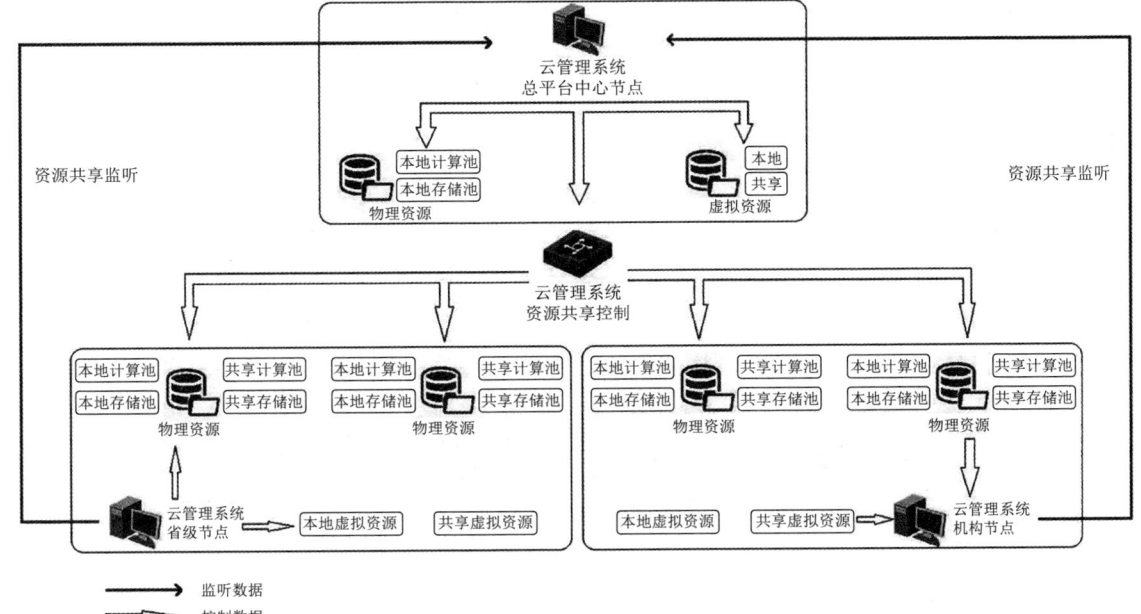

图 7-1　网络信息采集与保存服务协作平台架构示意图

　　资源的共享和集成是实现网络信息采集与保存服务协作平台网络信息采集规模化、管理规范化、应用高效化的重要环节，其通过对全国参与网络信息保存各机构应用系统的"容器"作用，不断"共享"存档资源和应用软件，形成具有一定规模的"资源集成管理中心"，从而推动以网络信息应用系统为服务"窗口"的全国数字图书馆网络信息服务新业态。网络信息采集与保存服务协作平台网络信息集成管理系统架构如图 7-2。

　　（1）统一认证鉴权

　　统一认证鉴权系统主要是对管理用户和公众用户实现统一的用户认证功能，为现存的和即将开发的各应用系统提供一个跨系统的认证平台，解决系统间用户管理混乱、用户使用不便、安全性差等问题。用户只需登录一次，就可访问接入统一认证的不同机构的业务系统和各地存档资源。

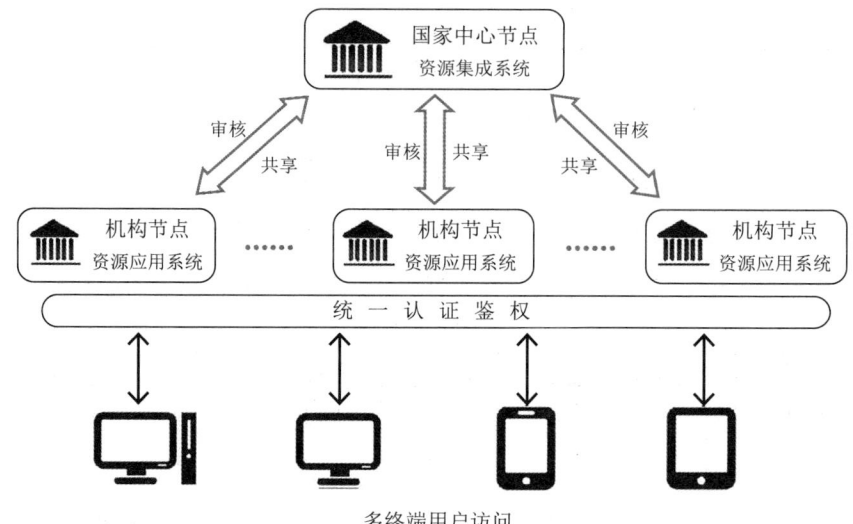

图 7-2 协作平台网络信息集成管理示意图

（2）机构权限管理

机构权限管理可实现对各机构存档网络信息资源的有效共享和管理。公众用户、各级文化共享机构需要在平台上注册，登记用户和机构信息，系统管理员可授权用户和机构不同的访问或管理权限。

（3）资源集成共享

合作单位可在系统上申请资源的发布，经过相应的审核人员审核通过后，资源可在前端界面列表上显示。经授权后，用户则可进行资源的访问。管理员也可对集成的资源列表和应用进行管理，包括新增、编辑、删除等操作。

（4）应用开发环境

为网络信息的建设者和加工者提供应用构建工具库。开发者可以使用应用构建工具按照应用规范开发出各类应用组件，并发布到内容展现门户或应用门户中，供公众或者其他机构、加工者使用。

同时，为提高网络信息采集与保存服务协作平台的网络信息资源共享能力，系统提供接入国家，各省、市、县，以及其他文化机构应用系统的能力，包括为各种应用系统提供受控的运行环境（由云平台基础资源提供）、应用的监督和管理、应用的自动化部署和监控，系统门户整合、业务处理整合、数据交换和数据整合等。

第三节 开展多元化网络信息采集与保存的社会化合作

为推动互联网信息的社会化保存与服务，构建国家互联网信息资源战略保障体系，国家图书馆秉承"公益主导、互利共赢"的原则，参照现行法律法规和政策，广泛发动社会力量，开展互联网信息战略保存的社会化合作，共同记录人类文明的足迹，对有效推动社会发展、文明传承起到了积极的促进作用。

2019年4月19日，国家图书馆互联网信息战略保存项目在北京启动，首家互联网信息战略保存基地落户新浪，双方以公共需求和公益服务为导向，共建互联网信息保存体系，确保新浪网和新浪微博数据等资源的长期保存和有效利用，为学术研究和决策分析提供支持。双方针对这一工作目标，制定了工作职责、工作机制、工作内容、宣传推广模式及双方的权益模式，国家图书馆正式开启联合社会力量推动互联网信息保存和服务的协同发展道路。该项目的实施对我国互联网信息保存的发展具有重要的战略意义。

国家图书馆互联网信息战略保存项目首创互联网信息社会化保存模式。国家图书馆是公益性文化机构，长期以来从事网络资源保存与服务业务，具有丰富的从业经验，是国际互联网保存联盟的正式成员。国家图书馆依托现有业务基础，充分发挥在文献保存、信息传递和参考咨询方面的优势，为基地的建设和发展提供政策支持、专业人员和业务指导。新浪是我国重要的互联网企业，其平台承载的新浪网和微博数据资源等是我国弥足珍贵的国家记忆和时代快照，这些资源具有重要的人文和科研价值，将充分发挥技术、平台和渠道优势，为基地的资源储备、数据分析和内容服务提供必要的人才和技术支持。因此，该合作将充分发挥各自优势，促进公益服务事业不断深入发展。根据合作协议要求，新浪网发布的新闻和微博上公开发布的博文，都将被互联网信息战略保存基地保存。国家图书馆与新浪将加强数据对接，联合发布互联网数据分析报告，逐步开展面向不同社会群体的公益性信息服务。为实现国家图书馆的学术优势和互联网公司的技术优势之间的协同效应，国家图书馆根据保存规范、数据遴选原则和数据服务需要提供使用需求，基地主体提供数据保存、数据导出和数据分析支持，逐步将部分互联网数据纳入国家文献信息战略保存体系，服务于国家决策、社会治理、学术研究以及公共服务等非商业用途。同时，为加强基地在推进互联网信息保存与利用方面的示范引领作用，树立我国公益文化机构和科技企业合作共建典范，需要采取以下措施：一是借助微博平台的宣传和渠道推广能力，双方共同组建国家图书馆新媒体矩阵，定期发布新媒体报告和数据榜单。新浪提供必要的培训和技术、资源支持，创新策划形式，讲好各级图书馆"故事"，吸引年轻网民关注并走进图书馆，更好地宣传优秀传统文化；二是双方合作开展网络影响力人物走进图书馆、走进历史名人等各种文化活动，定期联合举办主题论坛、公开课、各类讲座沙龙等。以此来扩大社会影响力，推广业务模式，鼓励其他社会力量共同参与基地建设和业务发展。

该项目的实施有助于记录时代文明发展脉络。国家图书馆互联网信息战略保存项目旨在建设覆盖全国的分级分布式中文互联网信息资源采集与保存体系，国家图书馆通过与国内重点数字文化生产和保存机构合作，推动互联网信息的社会化保存与服务，构建国家互联网信息资源战略保障体系。该项目的启动，有助于提升互联网信息采集和保护的系统性和持续性，及时有效地记录时代文明发展脉络，提炼、积累与传承中华文明最新成果及其展现形式，不断激发中华文明在现代社会的活力，促进中华优秀文化的传播，更好地提供面向全社会的公共文化服务。

第四节　依托国家文献战略储备库建设带动网络信息长期保存有序发展

国家图书馆馆藏历史悠久，弥足珍贵，需要得到妥善的保存，但因为条件有限，除善本古籍能够得到比较好的保存外，众多近代出版物没有能力在恒温恒湿、空气洁净的条件下进行保存；另外，国家图书馆入藏图书存储面积有限，已不能满足逐年增长的图书入藏量，文献全面入藏和现有库房有效利用的矛盾较为突出。因此，建设高水平、专业化的文献战略储备库以保存我国的重要文献资源，是非常必要的。

建立国家文献战略储备库的目标就是重点收藏并长期保存文献资源，建成文献资源保障中心，在全国图书馆界形成以国家图书馆牵头，大部分数字图书馆成员馆以及多家文献机构联合加入保存网络的局面，真正实现国家级文献战略储备库的建设目标。通过建设国家文献战略储备库，一是对馆藏各类传统载体的文献资源以及数字资源建立长期保存书库，因地制宜，根据不同的馆藏来进行合理的配置规划，按照可持续发展的原则为国家图书馆国内出版物全面入藏提供存储保存的空间。二是改善目前国家图书馆传统载体文献的保存环境。三是对馆藏数字资源进行异地灾备保存，从而使我国珍贵的历史文化遗产能够得到长久的、安全的保护。四是对互联网信息资源进行保存保护，积累网络信息资源，形成网络信息资源的本地镜像。五是形成完整的、详细的危机处理预案，明确在各种危机发生时对各种形式的文献资源应该采取的策略。六是适应多元化馆藏的发展要求，提高国家图书馆虚拟馆藏服务的保障能力。

国家文献战略储备库建设项目的存储系统建设包括数据调度管理系

统、灾难备份系统、长期保存系统、战略储备库专线等。

数据调度管理系统实现不同数据中心与战略储备库存储系统的数据调度、存储空间管理等功能，为战略储备库存储系统做好数据管理。保证战略储备库、国家图书馆和合作单位能够在系统的统一管理下实现存储硬件和软件的统一调度和分配。在保证存储资源数据安全的基础上，实现存储资源的统一调度分配，提高存储设备的利用率和存储资源的安全性。

灾难备份系统实现对国家图书馆白石桥总馆业务系统的数据级灾难备份管理，且该系统的数据存储能力能够满足国家图书馆白石桥总馆的业务系统数据存储及未来数据增长的需求。

长期保存系统可以为国家图书馆主存储中心的数字资源、战略储备库生产的数字资源、合作单位的数字资源等提供长期保存管理，应将战略储备库生产的数据传输给主存储中心，最终实现国家图书馆的数据多地、多介质、安全的长期保存。

战略储备库数据中心作为国家图书馆"两地三中心存储体系"中的数据资源存储及异地灾备中心，在国家图书馆构建安全可靠、服务高效、长期可用的整体存储体系中具有非常重要的作用。战略储备库数据中心将为国家图书馆海量数字资源提供存储、灾备及长期保存服务，为各应用及服务系统提供数据级、系统级灾备服务，为战略储备库提供网络及网络安全服务。同时，战略储备库数据中心将作为国家数字资源保存基地，为全国公共数字文化资源及其他数字资源提供存储、灾备及长期保存服务。

结　语

　　随着 5G 技术的加速普及，万物互联所带来的数据洪流借助于机器学习和人工智能，将加速智慧型社会的形成，智慧图书馆时代也即将到来，由此产生的海量网络信息与数据将再次促使社会信息生态发生变革。网络信息资源已经成为重要的社会生产成果，是人类文明的重要组成部分，对日益增长的网络信息资源进行有效的保存与利用，是促进未来智慧图书馆服务运行和长远发展的重要基础。利用大数据、云计算等技术加快推进网络信息资源的采集、保存和服务利用，对承载中华数字记忆、弘扬优秀文化、促进人类信息发展具有历史性的战略意义。本书立足公共图书馆服务职能，对国内外网络信息保存理论研究进行了深入调研分析，总结梳理了行业现状，在此基础上系统研究了网络信息资源评估体系，为科学客观地制定网络资源采选规则提供支持。同时，结合国家图书馆网络资源采集工作，本书围绕网络信息资源生命周期，重点探讨了网络信息保存和服务体系，涉及资源的采集、存储、发布、服务模式、资源联合建设与管理等，并对相关的重点问题和关键技术进行了详细阐述。此外，为保证工作的规范性，促进全国网络信息保存事业更好更快发展，本书对相关的资源建设规范、元数据描述标准等做了细致分析和研究，为构建统一的资源建设与服务平台，提高服务效益奠定基础。

　　对由多主体形成的网络信息开展保存保护工作，从技术实现、政策法规、资金保障、合作机制、社会经济效益等方面向公共图书馆提出了多重复杂挑战。网络信息采集与保存需要与之相匹配的软硬件设备及政策、资金保障，开展社会化协同合作是必要途径，而多元主体参与信息保存，就需要依据各主体的职责定位以及不同方面的贡献制定协同机制与利益共享协议。

首先，政策法规的制定需要进一步完善。例如，制定相应制度保障网络信息管理全流程网络信息的管理，特别需要重视信息产生后的采集、使用、保存保护等环节。

其次，需要进一步从国家战略层面实现顶层设计与部署。以国家图书馆目前开展的网络信息采集与保存项目为契机，结合智慧图书馆服务体系建设，逐步将网络信息资源的采集保存与意识形态安全以及网络信息安全建立紧密关联，实现战略层面网络信息的社会化保存，并策划实施阶段性目标与具体规划。

面对新的世界与时代格局变革趋势，无论从我国信息化事业建设还是未来智慧图书馆服务体系的确立来说，公共图书馆必须不断跟踪行业现状，变革业务模式，顺应事业发展和用户需求。下一步工作需要继续加强关键技术应用，以大数据技术和人工智能技术对采集数据开展数据关联和挖掘，提取有用价值，为知识化服务提供保证。同时要继续研究社会各界不同用户的个性化需求，为政府决策、科学研究、信息检索等提供支持。公共图书馆未来将进一步结合我国数字图书馆事业发展，继续深入推进网络信息的资源联建和共享，构建全国统一的网络信息保存与服务平台，加强技术研发与创新，促进国家数字图书馆在我国政治、经济、文化领域发挥更大作用。

参考文献

一、中文部分

［1］2020 年全球数据总量将超 40ZB　大数据落地成焦点［EB/OL］.［2021-02-08］. http://net.chinabyte.com/139/12703139.shtml.

［2］陈力，郝守真，王志庚. 网络信息资源的采集与保存——国家图书馆的 WICP 和 ODBN 项目介绍［J］. 国家图书馆学刊，2004（1）：2-6.

［3］陈清文. 网络信息资源长期保存的采集策略与方法［J］. 情报探索，2006（12）：47-48.

［4］陈瑜. 日本国立国会图书馆网络信息资源采集保存项目介绍研究［J］. 图书馆杂志，2014（3）：91-94.

［5］陈育兵. 基于 Heritrix 主题爬虫的定制与实现［J］. 湖北农机化，2017（5）：68.

［6］戴建陆，范艳芬，金涛. 中文网络信息资源长期保存策略研究［J］. 情报科学，2015，33（11）：34-38.

［7］董小英. 网络环境下的信息资源管理［M］. 北京：北京大学出版社，1998.

［8］段宇锋. 网络链接分析与网站评价研究［D］. 武汉：武汉大学，2004.

［9］段宇锋，邱均平. 基于链接分析的网站评价研究［J］. 中国图书馆学报，2005（4）：19-23，41.

［10］房秉毅，张云勇，程雷，等. 云计算国内外发展现状分析［J］. 电信科学，2010（8A）：1-6.

［11］郭亚军. 综合评价理论、方法及应用［M］. 北京：科学出版社，2007.

［12］国家统计局. 东西中部和东北地区划分方法［EB/OL］.［2021-03-29］. http://www.stats.gov.cn/ztjc/zthd/sjtjr/dejtjkfr/tjkp/201106/t20110613_71947.htm.

［13］胡国平，张巍，王仁华. 基于双层决策的新闻网页正文精确抽取［J］. 中文

信息学报，2006（6）：1-9，103.

［14］黄纯元．图书馆与网络信息资源［J］.中国图书馆学报，1997（6）：13-19.

［15］蒋颖．因特网学术资源评价：标准和方法［J］.图书情报工作，1998（11）：27-31.

［16］矫健，刘煜，郑恒．基于 AHP-BN 的网络信息资源综合评价研究［J］.现代图书情报技术，2007（9）：66-71.

［17］金越．网络信息资源的评价指标研究［J］.情报杂志，2004（1）：64-66.

［18］李刚，孙兰．网络信息资源评价初探［J］.情报杂志，2000（1）：56-60.

［19］李刚．轻量级 Java EE 企业应用实战［M］.3 版.北京：电子工业出版社，2012：363-533.

［20］李莉，甘利人，谢兆霞．基于感知质量的科技文献数据库网站信息用户满意模型研究［J］.情报学报，2009，28（4）：556-581.

［21］李睿，郭世月．网络报纸资源存档格式对比及 ARC/WARC 格式选择［J］.图书馆论坛，2010，30（4）：78-80.

［22］李睿，韩毅，郭世明．WARC 格式对描述与组织网络收割结果的支持［J］.图书馆理论与实践，2010（7）：38-41.

［23］刘冰，卢爽．基于用户体验的信息质量综合评价体系研究［J］.图书情报工作，2011，55（22）：56-59.

［24］刘冰．网络环境中基于用户视角的信息质量评价研究［M］.北京：中国社会科学出版社，2015.

［25］刘青，孔凡莲．中国网络信息存档及其与国外的比较［J］.图书情报工作，2013，57（18）：80-86.

［26］刘伟思．图书馆信息资源建设与利用研究［J］.江苏科技信息，2018，35（31）：4-6，25.

［27］刘雁书，方平．网络信息质量评价指标体系及可获取性研究［J］.情报杂志，2002，21（6）：10-12.

［28］吕殿秋．基于模糊层次分析法的网络信息资源评价研究［D］.哈尔滨：黑龙江大学，2010.

［29］马费成，赖茂生．信息资源管理［M］.北京：高等教育出版社，2006.

［30］马晓亭，陈臣.云计算环境下图书馆 IaaS 平台的技术架构与安全策略［J］.图书馆理论与实践，2012（11）：1-3，20.

［31］庞景安.网络信息资源的计量与评价［M］.北京：科学技术文献出版社，2007.

［32］邱燕燕.基于层次分析法的网络信息资源评价［J］.情报科学，2001（6）：599-602.

［33］仇壮丽，许冬玲.归档网络信息选择策略的影响因素研究［J］.档案学研究，2011（3）：63-66.

［34］曲云鹏.网络存档文件格式 WARC 研究［J］.图书馆学研究，2014（24）：20-25，28.

［35］石梅，黄家兴.国内大学网站评价与大学排名实证研究［J］.情报杂志，2012，31（11）：58-61，57.

［36］宋丹，高峰.基于链接分析的我国省级政府门户网站灰色关联度测评［J］.知识管理论坛，2013（4）：20-26.

［37］宋汉增，沈琳.利用 Hibernate 对象持久化服务简化 Java 数据库访问［J］.计算机应用，2003，23（12）：135-137.

［38］孙婷.图书馆的网络信息资源建设及评价［J］.信息记录材料，2017，18（9）：119-121.

［39］索传军.论网络化图书馆的信息资源建设［J］.图书馆，1999（1）：22-25.

［40］涂启琛.Bighive：一个针对时间维度优化的分布式结构化数据存储系统［D］.北京：北京大学，2009.

［41］王德恒，关晓红.中国公共图书馆可持续发展的经济模式研究［J］.图书馆理论与实践，2005（2）：81-85.

［42］谢萍，钱过，袁润.基于粗糙集理论的核心专利识别研究［J］.情报杂志，2015，34（7）：34-38，46.

［43］徐健.英国网络信息保存联盟计划（UKWAC）及其启示［J］.图书馆论坛，2007（2）：81-84.

［44］徐静.网络信息资源的质量和评价［J］.图书馆学研究，2005（9）：49-50.

［45］许剑颖.基于链接分析法的中国农业网站影响力分析［J］.图书情报工作网

刊，2012（10）：42-46.

[46]闫晓创.国外 Web Archive 项目对我国的借鉴和启示——以澳大利亚的 PANDORA 项目为例［J］.档案学研究，2012（5）：79-83.

[47]张笑容.第五空间：大国间的网络博弈［M］.北京：机械工业出版社，2013.

[48]张秀梅，刘俊丽，周晓英.网络信息资源评价综述［J］.图书馆学研究，2013（24）：9-14.

[49]张勇.网络信息资源的研究与建设［J］.高校图书馆工作，2000（1）：24-28.

[50]赵俊玲，卢振波.网络信息保存的责任体系分析［J］.大学图书馆学报，2006（2）：94-97，88.

[51]赵俊玲.守护 E 时代的记忆［M］.北京：北京图书馆出版社，2007.

[52]赵俊玲.美国国会图书馆网络信息保存项目 Minerva 及启示［J］.图书馆建设，2005（5）：40-42.

[53]赵志荣，徐恩元.论网络信息资源［J］.情报杂志，2001（8）：28-30.

[54]中国互联网络信息中心.2003 年中国互联网络信息资源数量调查［EB/OL］.［2016-12-06］.http://www.cnnic.net.cn/index/0E/00/12/index.html.

[55]中国互联网络信息中心.第 46 次中国互联网络发展状况统计报告［EB/OL］.［2021-02-08］.http://www.cnnic.net.cn/hlwfzyj/hlwxzbg/hlwtjbg/202009/P020210205509651950074.pdf.

[56]中国互联网络信息中心.第 47 次中国互联网络发展状况统计报告［EB/OL］.［2021-02-08］.http://www.cnnic.net.cn/hlwfzyj/hlwxzbg/hlwtjbg/202102/P020210203334633480104.pdf.

[57]周毅.论网络信息存档权及其生成［J］.中国图书馆学报，2011，37（1）：102-108.

[58]朱红灿，陈能华.基于距离辅助粗糙集的政府信息公开公众满意度评价模型［J］.情报杂志，2010，29（8）：94-97.

[59]朱庆华.网络信息资源的评价指标体系的建立和测定［M］.北京：商务印书馆，2012.

[60]左艺，魏良，赵玉虹.国际互联网上信息资源优选与评价研究方法初探［J］.情报学报，1999（4）：340 -343.

二、英文部分

［1］About IIPC［EB/OL］.［2017-02-17］.http://www.netpreserve.org/about-us.

［2］ALAM S，NELSON M L，SOMPEL H，et al. Web archive profiling through CDX summarization［J］. International journal on digital libraries，2016，17（3）：223-238.

［3］Archive-it.Archive-It Blog—2016 State of the WARC：our second annual digital preservation survey results［EB/OL］.［2018-06 -25］.https://archive-it.org/blog/post/2016-state-of-the-warc-oursecond-annual-digital-preservation-survey-results/.

［4］BARRY C L，SCHAMEBER L. Users' critera for relevance evaluation a cross：situational comparison［J］.Information processing and management，1998，34（2/3）：219-236.

［5］BARRY C L. User-defined relevance criteria：an exploratory study［J］.Journal of the American society for information science，1994，45（3）：149-159.

［6］February 2016 web server survey［EB/OL］.［2019-06-27］.https://news.netcraft.com/archives/2019/06/17/june-2019-web-server-survey.html.

［7］FETTERLY D，MANASSE M，NAJORK M，et al. A large-scale study of the evolution of web pages［C］// In WWW '03：Proceedings of the 12th International Conference on World Wide Web，2003：669-678.

［8］GOMES D，COSTA M. The importance of web archives for humanities［J］. International journal of humanities & arts computing，2014，8（1）：106-123.

［9］HAKALA J.Archiving the web：European experiences［J］.Program，2004，38（3）：176-183.

［10］HIRSH S G.Children's relevance criteria and information seeking on electronic resources［J］.Journal of society for information science，1999，50（14）：1265-1283.

［11］INGWERSEN P.The calculation of web impact factors［J］. Journal of documentation，1998，54（2）：236 -243.

［12］ISO 28500：2009 Information and documentation— WARC file format［EB/OL］.［2017-04-17］. https://www.iso.org/standard/44717.html.

［13］ISO 28500：2009（en）Information and documentation—WARC file format［EB/OL］.［2017-04-19］.https://www.iso.org/obp/ui/#iso：std：iso：28500：

ed-1：v1：en.

［14］KEVIN M O，GENE L W，LISA T B. Evaluating the quality of Internet information sources ［EB/OL］.［2017-10-21］.https://eric.ed.gov/?id=ED412927.

［15］MCKIERNAN G.CitedSites（sm）：citation indexing of web resources ［EB/OL］.［2017-10-21］.http://www.public.iastate.edu/ ~ CYBERSTACKS/Cited.htm.

［16］PANDORA：Australia's web archive ［EB/OL］.［2018-01-18］.http://pandora.nla.gov.au/selectionguide-lines.html.

［17］RICHMOD B. Ten C's for evaluating internet sources ［EB/OL］.［2018-08-24］. http://libguides.uwec.edu/ld.php?content_id=2539215.

［18］ROUSSEAU R.Sitations：an exploratory study ［J/OL］.［2021-06-11］. Cybermetrics，1997，1（1）.http://www.cindoc.csic. es/cybermetrics/articles/v1i1p1.html.

［19］SATTY T L.The analytic hierarchy process ［M］. NewYork：McGraw Science，1982.

［20］SCHAMBER L，BATEMAN J. User criteria in relevance evaluation：toward development of measurement scale ［C］//Proceedings of the 59th Annual Meeting of the American Society for Information Science，Baltimore，MD，USA.Medford，NJ，USA：Learned Information，1996.

［21］STOKER D，COOKE A. Evaluation of networked information sources ［C］// Proceedings of the 17th International Essen Symposium，1994：287 -312.

［22］TAYLOR R. MINERVA：archiving born—digital material at the Library of Congress ［J］. Slavic & East European information resources，2004（5）：157-162.

［23］THELWALL M.Comparison of sources of links for academic web impact factor calculations ［J］.Journal of documentation，2002，58（1）：60 -72.

［24］TILLOTSON J. Web site evaluation：a survey of undergraduates ［J］. Online information review，2002，26（6）：392-403.

［25］UK WEB ARCHIVE. About us ［EB/OL］.［2019-07-20］. http://www.webarchive.org.uk/ukwa/info/about.

附录一　地市级以上图书馆网络信息采集与保存调查报告

　　我们通过调查我国地市级和省级图书馆在网络信息采集与保存工作方面的认识与开展情况，分析网络信息采集与保存资源联合建设机制实施的必要条件及方式特点，为在全国范围内构建网络信息采集与保存联合建设机制提供参考。

　　本次调研采用问卷调查法，调查对象为全国地市级和省级图书馆。调查问卷由两部分共 29 个问题组成。其中，第一部分为问卷填写人及所在图书馆的基本信息调查，包括图书馆所属地域、填写人工作信息；第二部分为图书馆在网络信息采集与保存工作的认知与开展情况调查，包括填写人对网络信息采集与保存的认识情况、对网络信息采集与保存资源联合建设工作的意愿倾向、图书馆在网络信息采集与保存领域的开展进度，以及涉及工作流程的详细情况和行为倾向。

　　我们通过网络发放问卷，收到来自天津、河北、山东、浙江、广东、海南、辽宁、吉林、山西、江西、河南、湖北、四川、重庆、广西、甘肃、云南、新疆共 18 个省（直辖市、自治区）的 147 家图书馆的有效问卷。

一、图书馆和答卷者的基本信息特征

　　经过数据分析，获得图书馆的地域分布特征及答卷者的工作领域特征。在 147 份有效问卷中，来自山东、重庆、天津、新疆、广西、云南的答卷共计 103 份，相对较多，占比 70.07%。就区域而言，西部地区问卷 69 份，占比 46.94%；东部地区问卷 52 份，占比 35.37%；中部地区问卷 15 份，占比 10.20%；东北地区问卷 11 份，占比 7.48%。

附表 1-1　图书馆所属省份（直辖市、自治区）分布

省（直辖市、自治区）	个数	比例
天津	18	12.24%
河北	4	2.72%
山东	24	16.33%
浙江	3	2.04%
广东	2	1.36%
海南	1	0.68%
辽宁	9	6.12%
吉林	2	1.36%
山西	1	0.68%
江西	6	4.08%
河南	5	3.40%
湖北	3	2.04%
四川	7	4.76%
重庆	19	12.93%
广西	12	8.16%
甘肃	1	0.68%
云南	12	8.16%
新疆	18	12.24%
总计	147	100%

附表 1-2　图书馆的区域[①] 分布

区域	个数	比例
东部	52	35.37%
中部	15	10.20%

---

①　国家统计局.东西中部和东北地区划分方法［EB/OL］.［2017-03-29］.http://www.stats.gov.cn/ztjc/zthd/sjtjr/dejtjkfr/tjkp/201106/t20110613_71947.htm.

续表

区域	个数	比例
西部	69	46.94%
东北	11	7.48%
总计	147	100%

有 68 位答卷者填写了所从事的工作，其中具体从事网络信息采集与保存工作 17 人，占比 25.00%；从事与数字资源、信息技术等相关工作 35 人，占比 51.47%；中层管理者 14 人，占比 20.59%；馆长 2 人，占比 2.94%。

二、图书馆对网络信息采集与保存资源联合建设的认知与倾向

问卷的第二部分旨在调查图书馆对网络信息采集与保存联合建设的认知和倾向性，涉及采选策略、采集工具、资源编目、质量检查、评估标准、访问服务、长期保存、外包服务等围绕网络信息资源全生命周期的整套工作流程。

1. 图书馆人对网络信息采集与保存的了解程度

约一半的图书馆工作人员对网络信息采集与保存有一定程度的了解，占比 53.06%，其中非常了解的人数占比 5.44%，从事过或正在从事该领域工作的人数占比 19.05%，了解的人数占比 28.57%。然而，听说过但不太了解的人数占比 46.26%，从未听过的人数占比 0.68%。这说明现阶段，仍有近一半的图书馆人不了解网络信息采集与保存。这对网络信息采集与保存的资源联建宣传方面的工作提出了要求，要扩大图书馆行业对网络信息采集与保存工作的认知度。

2. 图书馆网络信息采集与保存工作的开展进度

在该工作领域已初具雏形（形成初步工作流程，提供用户服务，数据量小于 50TB）的图书馆占比 19.73%；正在进行试验或测试的图书馆占比 19.73%；尚未开展相关工作，但有计划开展的图书馆占比 48.30%；开

展过相关工作，但已经停止的图书馆占比 2.72%；无打算开展该领域工作的图书馆占比 9.52%。可见现阶段开展网络信息采集与保存的资源联合建设在图书馆业界已有相当需求。

来自天津、辽宁、上海、江苏、福建、山东、河北、吉林、黑龙江、安徽、江西、河南、湖北、湖南、内蒙古、重庆、四川、贵州、云南、陕西、青海、新疆 22 个省（直辖市、自治区）的 77 家图书馆参与了数字图书馆推广工程的网络信息采集与保存资源联合建设"网事典藏"项目[①]。根据："2015 年数字图书馆推广工程互联网信息资源保存与服务'网事典藏'申报清单专家评审表"，全国共有 141 家地市级以上图书馆参与资源联合建设，范围覆盖江苏、天津、山东、福建、北京、浙江、辽宁、上海、山西、湖北、江西、河北、吉林、黑龙江、海南、安徽、湖南、河南、贵州、四川、重庆、甘肃、内蒙古、广西、陕西、新疆、云南、青海共 28 个省（直辖市、自治区）。可见经过两年的发展，网络信息采集与保存资源联合建设在全国实现了跨越式发展，具备了一定基础。

图书馆未开展网络信息采集与保存（72.79%，107 家）的因素可分为客观因素和主观因素两类。调查显示，缺乏建设经验（占比 75.7%）是影响图书馆未开展网络信息采集与保存的最主要因素。已有业务量大、人员短缺（占比 62.62%）也是影响图书馆现阶段开展该领域工作的重要因素。除以上两个客观因素以外，以下主观因素也影响了网络信息采集与保存业务的开展。管理层和工作人员对网络信息采集与保存不了解（占比 54.21%）是重要影响因素之一。此外，有 9.35% 的图书馆认为网络信息资源不符合本地用户需求，8.41% 的图书馆没考虑过从事网络信息采集与保存项目。针对上述影响因素，国家图书馆、省级图书馆、中国图书馆协会可加大宣传力度，加深业界人士对网络信息采集与保存工作的了

---

① 来自国家图书馆编印的内部资料《2015 年网事典藏数据提交汇总》。

解，引起图书馆人对该领域的重视；已经具备一定经验的图书馆对缺乏经验的图书馆开展培训和交流活动；图书馆内部增设从事网络信息采集与保存工作的人员，开展小型试验项目。进而由点及面，逐步在全国铺展网络信息采集与保存工作。

3. 图书馆对网络信息采集与保存资源联合建设的倾向

（1）网络信息采集与保存资源联合建设的影响因素

调查显示，图书馆人认为以下因素对网络信息采集与保存资源联合建设有重要影响，按照重要程度依次为：人员培训（占比93.10%）、资金支持（占比87.93%）、软件支持（占比81.03%）、硬件投入（占比74.14%）、研究创新（占比62.07%）。

（2）图书馆与其他机构的合作情况

在网络信息采集与保存工作方面，仅有部分图书馆与其他机构开展了合作，占比14.95%；大部分图书馆都未与其他机构开展合作，占比74.76%，其中，对合作感兴趣的图书馆占比28.97%；另有10.28%的答卷者不清楚。

（3）网络信息长期保存的合作形式

超过一半图书馆认为网络信息长期保存最有效的合作形式是从国家层面出发，以国家图书馆为领导者，全国图书馆为主要参与者（占比56.90%）；也有部分图书馆认为在文化机构内形成联盟模式最为有效，该合作形式以图书馆为主，档案馆、文化遗产保存机构等组织广泛参与（占比34.48%）；另有个别图书馆认为以项目形式进行短期、小规模的网络信息保存实践最为有效（占比1.72%）。此外，还有占比6.90%的答卷者表示不清楚。

（4）图书馆开展网络信息保存与服务的优势

与其他机构相比，图书馆从事网络信息保存与服务具有多项优势。图书馆人认为优势主要集中在可将现代网络信息资源与传统图书馆资源进行整合，便于读者检索（占比91.38%）；图书馆员工专业多样化，利于从事网络信息资源采选工作（占比 62.07%）；图书馆已有用户数量大（占比 44.83%）。

4. 网络信息资源的采选策略

（1）网络信息采集与保存的目标

地方图书馆进行网络信息采集与保存的目标呈现出多元化特征。大部分以保存本地特色网络信息资源为主（占比 89.66%），同时保存自身或附属机构的网络信息资源（占比 63.79%），为未来的学术研究保存资源（占比 60.34%）。此外，还保存本地以外的机构组织或个人的网络信息资源（占比 41.38%）。结合网络信息资源的采选标准和策略，地方图书馆可重点采集上述信息资源。

（2）值得保存的网络资源形式

图书馆人认为值得保存的网络资源形式依次为视频、网页、网站、图片、音频，而自媒体（博客、论坛、微博等）与软件的保存价值不如上述资源类型。

附表 1-3　值得保存的网络资源形式（保存价值与得分成正比）

选项	平均综合得分（1—5）
视频	4.56
网页	4.38
网站	4.12
图片	4.04
音频	3.67
自媒体（如博客、论坛、微博等）	1.85
软件	1.51

（3）值得保存的网络信息资源的内容

按照先后顺序，图书馆人认为值得优先保存的网络信息资源的内容分别为历史文化（占比 94.56%）、文物古迹（占比 87.76%）、科学技术（占比 78.23%）、政治法律（占比 74.83%）、教育人文（占比 74.83%）、生态地理（占比 71.43%）、艺术欣赏（占比 70.07%）、军事国防（占比 59.18%）、社会生活（占比 53.06%）、经济贸易（占比 51.02%）。

（4）值得保存的网络信息资源的所属机构

图书馆人认为可优先保存来自政府、企事业单位等官方机构（占比 87.76%）、科研机构（占比 82.31%）、教育机构（占比 70.75%）、新闻媒体（占比 63.27%）、非营利组织（占比 49.66%）的网络信息资源。另外，来自商业性机构（占比 23.13%）和个人（占比 22.45%）的网络信息资源也值得保存。

（5）网络信息资源的价值评估标准

图书馆人认为，网络信息资源的价值评估标准应首先依据内容特征，包括内容是否具备客观性、准确性、权威性与时效性等；其次依据完整性与可靠性，例如网络信息资源是否得到长期维护与更新；再次依据网络信息资源的学科及类型属性；最后依据网络信息资源的组织形式，例如用户界面是否友好，是否支持良好的浏览与检索。

附表 1-4 网络信息资源的价值评估标准（价值与得分成正比）

选项	平均综合得分（1—4）
内容特征（是否具备客观性、准确性、权威性与时效性等）	3.15
完整性与可靠性（资源是否得到长期维护与更新）	2.62
学科及类型属性	2.4
组织形式（用户界面是否友好，是否支持良好的浏览与检索）	1.48

（6）网络信息资源的采集策略

超过一半的图书馆人倾向于采用全面采集与选择性采集混合的采集方式，占比 59.18%；其次是专题采集方式（占比 18.37%）和选择性采集方式（占比 16.33%）；倾向于全面采集（占比 4.76%）和整站采集（占比 1.36%）的较少。

5. 网络信息采集工具和访问软件

（1）网络信息采集工具

使 用 Heritrix 的 图 书 馆 占 比 24.14%， 使 用 Web Curator Tool 的 占 比 17.24%，使用 Nutch WaX2（Nutch + Web Archive extensions）的占比 6.90%，使用 Httrack 的占比 1.72%，其他和不清楚的共占比 50%。

（2）网络信息数据访问软件

近一半图书馆选择 Wayback Machine 作为提供网络信息数据访问的软件，占比 48.28%，其他和不清楚的共占比 51.72%。

6. 网络信息资源编目

（1）网络信息资源的编目方式

图书馆人认为最有效的网络信息资源编目方式是创建统一标准的元数据格式（占比 48.98%），在 DC 元数据与中文机读目录格式 CNMARC 之间建立映射对应关系。此外，采用合作编目方式（占比 46.94%），建立统一网络信息资源的选择和质量评估标准也较受认可。仅有少部分人倾向于采用传统方式（占比 4.08%），即编目人员利用 MARC/AACR2 的有关字段对网络信息资源进行描述。

（2）网络信息资源的编目内容

按照重要程度从高到低，图书馆人认为最为重要的编目内容依次为：主题或专题层面的描述目录（占比 74.15%）、具体网络信息资源层面的描述目录（占比 59.86%）、关联信息资源编目（占比 53.06%）、知识点标注（47.62%）。

7. 网络信息资源的质量检查评估标准

网络信息资源的质量检查主要涉及资源内容本身和编目内容。按照质检评估标准重要程度从高到低，依次为：采集内容的完整性（占比 93.20%）、采集页面的清晰性（占比 74.83%）、采集主题的相关性（占比 69.39%）、编目内容的全面性（占比 69.39%）。

8. 网络信息资源的访问服务

（1）网络信息资源的访问服务范围

已经开展网络信息采集与保存工作的图书馆，鉴于网络信息资源版权保护的原因，目前以提供局域网访问服务为主，占比 39.66%；提供公开访问服务的占比 29.31%；未提供相关服务的占比 22.41%；不清楚的占比 8.62%。

（2）网络信息资源的主题资源库建设

几乎全部图书馆人认为应重点考虑根据地域特色，建设相关历史、文化类专题资源库，占比 97.28%；还有大部分人认为可根据国家大政方针，汇集社会热点专题，占比 76.19%。

（3）网络信息资源的展示方式

关于图书馆人认可的网络信息资源的展示方式，依据有效程度依次为：根据资源主题进行展示（占比 89.12%）、以资源产生的原始时间排序（占比 70.75%）、建立不同专题进行发布（占比 57.82%）、以信息保存的时间排序（占比 44.22%）。

（4）网络信息资源的编排设计

关于网络信息资源的访问，从网络资源的编排设计价值评估角度来看，按照从重要到次要的顺序依次为：网络信息资源的兼容性、外观设计、互动性、多媒体效果。

附表 1-5　网络信息资源的编排设计

选项	平均综合得分
兼容性	2.97
外观设计	2.37
互动性	2.30
多媒体效果	2.25

（5）网络信息资源的易用性价值

关于网络信息资源的访问，从易用性价值评估，按照从重要到次要的顺序依次为：可检索性、网页速度与质量、导航设计、安全性。

附表 1-6　网络信息资源的易用性价值

选项	平均综合得分
可检索性	2.76
网页速度与质量	2.66
导航设计	2.37
安全性	2.06

（6）网络信息资源服务方式

如前所述，图书馆人认为网络信息资源的可检索性是首要重点，对于已经保存的网络信息资源，需提供关键词检索（占比 87.76%）、题名检索（占比 80.95%）、全文检索（占比 78.91%）、关联数据检索（占比 59.18%）、摘要检索（占比 57.14%）、地址检索（占比 56.46%）、检索历史列表（占比 42.18%）。资源浏览方面，应提供网页原始浏览（占比 59.18%）、主题或专题浏览（占比 55.10%）、目录指引（占比 50.34%）、题名浏览（占比 46.94%）。此外，还可提供快照保存功能（占比 52.38%）、分析报告与咨询服务（占比 45.58%）等。资源推荐方面，可提供相关主题推荐（占比 57.14%）、点击量排行（占比 46.26%）、最新主题推荐（占比 44.22%）。

附表 1-7　应该提供的网络信息资源服务方式

选项	小计	比例
关键词检索	129	87.76%
题名检索	119	80.95%
全文检索	116	78.91%

续表

选项	小计	比例
网页原始浏览	87	59.18%
关联数据检索	87	59.18%
摘要检索	84	57.14%
相关主题推荐	84	57.14%
地址检索	83	56.46%
主题或专题浏览	81	55.1%
快照保存功能	77	52.38%
目录指引	74	50.34%
题名浏览	69	46.94%
点击量排行	68	46.26%
分析报告与咨询服务	67	45.58%
最新主题推荐	65	44.22%
检索历史列表	62	42.18%
其他	2	1.36%
本题有效填写人次	147	

9. 网络信息资源采集与保存的外包情况

现阶段完全使用外包服务的图书馆占比 39.66%；不使用外包服务、自建网络信息资源的图书馆占比 10.34%；同时采用自建和外包服务的图书馆占比 39.66%；不清楚的占比 10.34%。

附录二　关于网络信息采集与保存的调查问卷

您好!

为了更好地了解贵馆对于网络信息采集与保存工作的认识和开展情况，特拟定本问卷。我们将非常感谢您参加此次调查活动，请您热心提供您的看法和意见，您的回答对调查非常重要。非常感谢!

第 1 题　您的性别［单选题］：

☐男

☐女

第 2 题　您的年龄［单选题］：

☐ 18 岁以下

☐ 18—24 岁

☐ 25—34 岁

☐ 35—44 岁

☐ 45—54 岁

☐ 55 岁及以上

第 3 题　您正在攻读 / 已获得的最高学位［单选题］：

☐高中及以下

☐大专

☐大学本科

☐硕士

☐博士

☐其他 _____

第 4 题　您对网络信息采集与保存的了解程度是［单选题］：

□非常了解

□从事过，或正在从事该工作

□了解

□听说过，但不太了解

□从未听过

第 5 题　您所在的城市 _____［填空题］

第 6 题　贵馆在网络信息采集与保存工作方面开展的进度是［单选题］：

□初具规模（具备完整工作流程，提供用户服务，数据量超过 50TB）

□初具雏形（形成初步工作流程，提供用户服务，数据量小于 50TB）

□正在进行试验或测试

□开展过相关工作，但已经停止。停止原因:（接 15 题）

□尚未开展相关工作，但有计划开展（接 15 题）

□无此打算（接 15 题）

第 7 题　您认为图书馆开展网络信息保存与服务的优势在于［多选题］：

□可将现代信息资源与传统图书馆资源整合，便于读者检索

□图书馆已有用户数量大

□员工专业多样化，利于从事网络资源采选

□没有优势

□其他 _____

第 8 题　对于网络信息采集与保存的资源联建工作，您认为比较重要的是［多选题］：

□人员培训

□硬件投入

□软件支持

□研究创新

□资金支持

□其他 _____

第 9 题　关于网络信息长期保存的形式，您认为哪种合作形式最为有效［单选题］：

□国家层面合作，即以国家图书馆为领导者，以全国图书馆为主要参与者

□联盟形式，以图书馆为主，档案馆、文化遗产保存机构等广泛参与

□项目形式，进行短期、小规模的网络信息保存实践

□不清楚

第 10 题　贵馆进行网络信息采集与保存的目标是［多选题］：

□保存自己或附属机构的网络信息资源

□保存本地特色网络信息资源

□保存本地以外的机构组织或个人的网络信息资源

□为未来的学术研究保存资源

□其他 _____

第 11 题　贵馆进行网络信息采集是否提供相关访问服务？其服务范围为［单选题］：

□局域网访问

□公开访问

□未提供相关服务

□不清楚

第 12 题　贵馆使用外包服务进行网络信息采集与保存，还是自己单独完成［单选题］：

□外包服务或公司，公司名称是 _____［填空］

□自己单独完成

□二者皆有

□不清楚

第 13 题　贵馆使用的网络信息采集工具是［单选题］：

□ Heritrix

□ Nutch WaX2（Nutch + Web Archive extensions）

□ Httrack

□ Web Curator Tool

□其他 ＿＿＿＿＿＿

□不清楚

第 14 题　贵馆提供网络信息数据访问的软件是（请接 16 题）［单选题］：

□ Wayback Machine

□其他 ＿＿＿＿＿＿

□不清楚

第 15 题　贵馆未开展网络信息采集与保存，您认为可能的困难是［多选题］：

□管理层和工作人员对网络信息采集与保存不了解

□已有业务量大，人员短缺

□网络信息资源不符合本地用户需求

□缺乏建设经验

□没考虑过这个项目

□其他 ＿＿＿＿＿＿

第 16 题　贵馆是否与其他机构进行过网络信息采集与保存方面的合作？例如，围绕具体事件、主题、域名进行合作采集与保存［单选题］：

□是

□否

□尚未考虑，但很感兴趣

□不清楚

第 17 题　关于网络信息资源选择，从网络资源的形式来看，您认为哪种形式的网络资源值得保存［排序题］：

☐视频

☐网页

☐网站

☐图片

☐音频

☐自媒体（如博客、论坛、微博等）

☐软件

第 18 题　关于网络信息资源选择，从网络资源的内容来看，您认为哪类网络资源更值得保存［多选题］：

☐政治法律

☐军事国防

☐经济贸易

☐科学技术

☐历史文化

☐艺术欣赏

☐生态地理

☐教育人文

☐运动休闲

☐社会生活

☐文物古迹

☐其他 _____

第 19 题　从网络信息的所属机构来看，您认为什么机构的网络信息值得保存［多选题］：

☐官方机构（如政府、企事业单位）

☐新闻媒体

☐科研机构

□非营利组织

□商业性机构

□教育机构

□个人

□其他 _____

第20题　关于网络信息资源评估，从网络资源的价值评估标准来看，请您按照从重要到次要的顺序进行排序［排序题］：

□内容特征（是否具备客观性、准确性、权威性与时效性等）

□完整性与可靠性（资源是否得到长期维护与更新）

□学科及类型属性

□组织形式（用户界面是否友好，是否支持良好的浏览与检索）

第21题　关于网络信息资源的采集方式，您认为应采用哪种采集策略［单选题］：

□全面采集

□选择性采集

□全面采集与选择性采集混合的采集方式

□专题采集

□整站采集

第22题　关于网络信息资源的编目，您认为何种编目方式最为有效［单选题］：

□用传统方式（编目人员利用 MARC/AACR2 的有关字段对网络信息资源进行描述）

□创建统一标准的元数据格式（在 DC 元数据与中文机读目录格式 CNMARC 之间建立映射对应关系）

□网络信息资源合作编目（建立统一网络信息资源的选择和质量评估标准）

第23题　关于网络信息资源的编目，您认为哪种编目内容最为重要［多选题］：

　　□主题或专题层面的描述目录

　　□具体网络信息资源层面的描述目录

　　□知识点标注

　　□关联信息资源编目

　　第 24 题　关于网络信息资源的质检，您认为下列哪些质检评估标准很重要［多选题］：

　　□采集页面的清晰性

　　□采集内容的完整性

　　□采集主题的相关性

　　□编目内容的全面性

　　□其他 ＿＿＿＿＿＿

　　第 25 题　如果结合网络资源的采集结果进行主题资源库建设，您认为应重点考虑哪几方面［多选题］：

　　□根据国家大政方针，汇集社会热点专题

　　□根据地域特色，建设相关历史、文化类专题

　　□其他建议：

　　第 26 题　关于网络信息资源的发布，您认为最有效的展示方式包括下列哪几项［多选题］：

　　□以资源产生的原始时间排序

　　□以信息保存的时间排序

　　□根据资源主题进行展示

　　□建立不同专题网站进行发布

　　第 27 题　关于网络信息资源的访问，从网络资源的编排设计价值评估角度来看，请您按照从重要到次要的顺序进行排序［排序题］：

　　□兼容性

　　□外观设计

□互动性

□多媒体效果

第 28 题　关于网络信息资源的访问，从网络信息资源的易用性价值评估，请您按照从重要到次要的顺序进行排序［排序题］：

□可检索性

□网页速度与质量

□导航设计

□安全性

第 29 题　对于已经保存的网络资源，您认为应提供哪些网络信息资源服务［多选题］：

□全文检索

□地址检索

□关键词检索

□摘要检索

□题名检索

□关联数据检索

□分析报告与咨询服务

□网页原始浏览

□快照保存功能

□题名浏览

□主题或专题浏览

□目录指引

□点击量排行

□相关主题推荐

□检索历史列表

□最新主题推荐

□其他 _____

附录三　网络资源采集项目DC元数据著录规则

一、网络资源

元素	元素修饰词	编码体系修饰词	必备性	说明
名称			必备	网络资源的名称，按资源所载题名据实著录
	其他题名		有则必备	除正题名以外的其他所有题名，包括并列题名、缩略题名、翻译题名等
创建者			有则必备	对该网络资源内容起主要作用的个人、团体名称，多值时使用英文半角分号间隔
	*国别		必备	该网络资源建立时所在国家，多值时使用英文半角分号间隔
其他责任者			有则必备	对该网络资源内容创建做出其他贡献的个人或团体名称，多值时使用英文半角分号间隔
主题	关键词		必备	概括资源主题内容的名词、术语等，多值时使用英文半角分号间隔
	*内容分类	网络资源内容的主题分类	必备	分类见附件1，多值时使用英文半角分号间隔
描述	摘要		有则必备	根据信息源所载信息，著录对该网络资源内容的文字介绍，不超过200个中文字符

续表

元素	元素修饰词	编码体系修饰词	必备性	说明
描述	*摘要翻译		有则必备	对国外网络资源摘要的中文翻译。应为完整的中文句子，含有主谓宾及标准中文标点符号，信息量应尽量充足、准确无误，表意清晰、语句通顺，符合中文书面写作习惯。可根据摘要翻译，不超过 200 个中文字符
	*出处附注		必备	该网络资源所属网站首页发布的网站名称
	其他附注		有则必备	该网络资源待说明的其他事项
日期	*快照日期	Period（对于时间间隔的限定规范）W3CDTF（基于 ISO 8601 规范的时间和日期编码规则）公元纪年	必备	该网络资源原本的快照日期，依据访问地址中的日期，日期格式符合 ISO 8601〔W3CDTF〕规范，使用 YYYY-MM-DD 格式，多值时使用英文半角分号间隔
	*采集日期		必备	采集该网络资源的日期，依据采集任务名中的日期，日期格式符合 ISO 8601〔W3CDTF〕规范，使用 YYYY-MM-DD 格式
类型			必备	说明网络资源的类型，从以下取值：整站、频道、网页、其他
格式			必备	采集后的网络资源的格式，如：WARC、PDF、TXT、DOC、HTML 等

续表

元素	元素 修饰词	编码体系 修饰词	必备性	说明
标识符	馆藏原 生数字 资源记 录标识 号		国图必备	国图资源必备，是经注册获取的国家图书馆馆藏原生数字资源记录标识号
	*任务 ID		必备	该网络资源的任务标识号 ID。该 ID 由 23 位数字和英文字符组成：机构代码 4 位（见附件 2），年 4 位，月 2 位，日 2 位，时 2 位，分 2 位，秒 2 位，操作人员代码 2 位，流水号 3 位。如：010020170418155236aa001
	*访问 地址	URI	必备	采集后的网络资源的访问地址
	*采集 地址	URI	必备	网络资源的原始互联网地址。若地址发生变动则新著录一条记录
	CDOI		有则必备	通过 CDOI 系统进行注册后填写
语种		ISO 639-2 RFC4646	必备	描述该网络资源内容的语言种类，用三位小写字母表示。多值时使用英文半角分号间隔
关联		专题 ID	专题资源 必备	仅限专题资源，著录该资源所属专题的专题 ID，便于与专题进行关联。专题 ID 格式为：ZT- 年（专题所属的任务年份，4 位数字）- 序号（3 位数字），如：ZT-2018-001

续表

元素	元素 修饰词	编码体系 修饰词	必备性	说明
时空范围	时间范围	Period（对于时间间隔的限定规范）W3CDTF（基于 ISO8601 规范的时间和日期编码规则）公元纪年	有则必备	该网络资源相关事件的发生时间。日期格式需遵循 ISO 8601［W3CDTF］规范，使用 YYYY-MM-DD 格式。如著录起讫日期，年、月、日之间不使用连字符（如 201710-）（或如 20180106-），只在两段日期中间使用连字符（如 20170217-20171123）
	空间范围	Point（DCMI 地理位置）ISO 3166（用于标识国家名称）	有则必备	网络资源内容中所描述的相关事件的发生地点
权限	版权拥有者		有则必备	网络资源页面上所标识的版权描述信息
	使用权限		必备	提供使用该网络资源的访问权限，如：局域网访问、互联网访问、专网访问等
*数据提交单位			必备	采集该网络资源的单位规范名称

注：带 "*" 文字为根据网络资源采集项目实际需求新扩展的自定义元素修饰词。

二、网络专题

元素	必备性	说明
专题名称	必备	专题的名称
专题 ID	必备	专题的唯一标识，与网络资源相关联，格式为：ZT-年（专题所属的任务年份，4 位数字）- 序号（3 位数字），如：ZT-2018-001
专题介绍	必备	该专题的中文简要介绍，不超过 200 个中文字符
专题时间	必备	专题事件发生的时间，日期格式需遵循 ISO 8601 ［W3CDTF］规范，使用 YYYY-MM-DD 格式。如著录起讫日期，年、月、日之间不使用连字符（如 201710-）（或如 20180106-），只在两段日期中间使用连字符（如 20170217-20171123）
专题子目	有则必备	专题下包含的子专题信息

附件 1：

附表 3-1　网络信息保存资源主题分类

政治法律	社会公民	文化旅游
经济商贸	军事国防	教育培训
科学技术	国土资源	卫生健康
历史人文	运动休闲	生态环境
交通运输	航空航天	传播媒体
农业农村	能源工程	对外交往

附件 2：

附表 3-2 推广工程数字资源联合建设机构代码（2019 年版）

序号	机构名称	代码
1	首都图书馆	0100
2	朝阳区图书馆	0101
3	东城区第一图书馆	0102
4	西城区第一图书馆	0103
5	平谷区图书馆	0104
6	大兴区图书馆	0105
7	怀柔图书馆	0106
8	石景山区图书馆	0107
9	东城区第二图书馆	0108
10	西城区第二图书馆	0109
11	海淀区图书馆	0110
12	丰台区图书馆	0111
13	顺义区图书馆	0112
14	昌平区图书馆	0113
15	门头沟区图书馆	0114
16	通州区图书馆	0115
17	房山区图书馆	0116
18	延庆县图书馆	0117
19	密云县图书馆	0118
20	房山区燕山图书馆	0119
21	西城区少儿图书馆	0120
22	石景山区少儿图书馆	0121
23	丰台少儿图书馆	0122
24	朝阳区少儿图书馆	0123
25	天津图书馆	0200
26	和平区图书馆	0201

续表

序号	机构名称	代码
27	泰达图书馆	0202
28	北辰区图书馆	0203
29	东丽区图书馆	0204
30	武清区图书馆	0205
31	西青区图书馆	0206
32	河东区图书馆	0207
33	河北区图书馆	0208
34	河西区图书馆	0209
35	南开区图书馆	0210
36	大港区图书馆	0211
37	塘沽区图书馆	0212
38	津南区图书馆	0213
39	汉沽区图书馆（天津市滨海新区汉沽图书馆）	0214
40	宝坻区图书馆	0215
41	红桥区图书馆	0216
42	蓟县图书馆	0217
43	静海县图书馆	0218
44	宁河县图书馆	0219
45	天津市少儿图书馆	0220
46	和平区少儿馆	0221
47	河西区少儿馆	0222
48	南开少儿馆	0223
49	河北区少儿馆	0224
50	西青区图书馆	0225
51	红桥区少儿馆	0226
52	塘沽少儿馆	0227
53	汉沽少儿馆	0228
54	北辰区少儿馆	0229

续表

序号	机构名称	代码
55	空港经济区文化中心图书馆	0230
56	河北省图书馆	0300
57	保定市图书馆	0301
58	承德市图书馆	0302
59	廊坊市图书馆	0303
60	秦皇岛图书馆	0304
61	石家庄市图书馆	0305
62	唐山市图书馆	0306
63	邢台市图书馆	0307
64	沧州市图书馆	0308
65	衡水市图书馆	0309
66	邯郸市图书馆	0310
67	张家口市图书馆	0311
68	石家庄市少儿馆	0312
69	山西省图书馆	0400
70	太原市图书馆	0401
71	阳泉市图书馆	0402
72	长治市图书馆	0403
73	大同市图书馆	0404
74	吕梁市图书馆	0405
75	朔州市图书馆	0406
76	大同市少儿馆	0407
77	晋城市图书馆	0408
78	山西省少年儿童图书馆	0409
79	内蒙古图书馆	0500
80	呼和浩特市图书馆	0501
81	包头市图书馆	0502
82	乌兰察布市图书馆	0503

续表

序号	机构名称	代码
83	赤峰市图书馆	0504
84	呼伦贝尔市图书馆	0505
85	巴彦淖尔市图书馆	0506
86	兴安盟图书馆	0507
87	通辽市图书馆	0508
88	锡林郭勒盟图书馆	0509
89	鄂尔多斯市图书馆	0510
90	阿拉善盟图书馆	0511
91	乌海市图书馆	0512
92	辽宁省图书馆	0600
93	沈阳市图书馆	0601
94	大连市图书馆	0602
95	鞍山市图书馆	0603
96	抚顺市图书馆	0604
97	丹东市图书馆	0605
98	本溪市图书馆	0606
99	营口市图书馆	0607
100	铁岭市图书馆	0608
101	阜新市图书馆	0609
102	朝阳市图书馆	0610
103	盘锦市图书馆	0611
104	锦州市图书馆	0612
105	葫芦岛市图书馆	0613
106	辽阳市图书馆	0614
107	丹东市少儿馆	0615
108	大连市少儿馆	0616
109	鞍山少儿馆	0617
110	本溪少儿馆	0618

续表

序号	机构名称	代码
111	锦州少儿馆	0619
112	盘锦市少儿馆	0620
113	沈阳市少儿馆	0621
114	铁岭市少儿馆	0622
115	营口市少儿馆	0623
116	辽阳市少年儿童图书馆	0624
117	吉林省图书馆	0700
118	长春图书馆	0701
119	吉林市图书馆	0702
120	通化市图书馆	0703
121	白城市图书馆	0704
122	松原市图书馆	0705
123	延边朝鲜族自治州图书馆	0706
124	白山市图书馆	0707
125	辽源市图书馆	0708
126	四平市图书馆	0709
127	延吉市少儿馆	0710
128	长春市少儿馆	0711
129	黑龙江省图书馆	0800
130	哈尔滨市图书馆	0801
131	伊春市图书馆	0802
132	牡丹江市图书馆	0803
133	牡丹江朝鲜族图书馆	0804
134	大庆市图书馆	0805
135	鹤岗市图书馆	0806
136	齐齐哈尔市图书馆	0807
137	鸡西市图书馆	0808
138	双鸭市图书馆	0809

续表

序号	机构名称	代码
139	七台河市图书馆	0810
140	大兴安岭地区图书馆	0811
141	绥化市少儿馆	0812
142	上海图书馆	0900
143	普陀区图书馆	0901
144	闵行区图书馆	0902
145	虹口区图书馆	0903
146	长宁区图书馆	0904
147	奉贤区图书馆	0905
148	青浦区图书馆	0906
149	浦东新区图书馆	0907
150	黄浦区图书馆	0908
151	黄浦区明复图书馆	0909
152	徐汇区图书馆	0910
153	静安区图书馆	0911
154	闸北区图书馆	0912
155	杨浦区延吉图书馆	0913
156	杨浦区图书馆	0914
157	宝山区图书馆	0915
158	嘉定区图书馆	0916
159	浦东新区陆家嘴图书馆	0917
160	浦东新区新川沙图书馆	0918
161	金山区图书馆	0919
162	松江区图书馆	0920
163	崇明县图书馆	0921
164	上海少年儿童图书馆	0922
165	长宁区少儿馆	0923
166	普陀区少儿馆	0924

续表

序号	机构名称	代码
167	杨浦区少儿馆	0925
168	闸北区少儿馆	0926
169	南京图书馆	1000
170	金陵图书馆	1001
171	无锡市图书馆	1002
172	盐城市图书馆	1003
173	扬州市图书馆	1004
174	常州图书馆	1005
175	苏州图书馆	1006
176	泰州市图书馆	1007
177	连云港市图书馆	1008
178	淮安市图书馆	1009
179	徐州市图书馆	1010
180	南通市图书馆	1011
181	宿迁市图书馆	1012
182	镇江市图书馆	1013
183	连云港市少儿馆	1014
184	南通市少儿馆	1015
185	徐州少儿馆	1016
186	扬州少儿馆	1017
187	浙江图书馆	1100
188	杭州图书馆	1101
189	宁波市图书馆	1102
190	温州市图书馆	1103
191	绍兴图书馆	1104
192	嘉兴市图书馆	1105
193	湖州市图书馆	1106
194	金华市图书馆	1107

续表

序号	机构名称	代码
195	台州市图书馆	1108
196	舟山市图书馆	1109
197	衢州市图书馆	1110
198	丽水市图书馆	1111
199	杭州少儿馆	1112
200	金华少儿馆	1113
201	温州市少儿馆	1114
202	安徽省图书馆	1200
203	马鞍山市图书馆	1201
204	芜湖市图书馆	1202
205	铜陵市图书馆	1203
206	安庆市图书馆	1204
207	合肥市图书馆	1205
208	蚌埠市图书馆	1206
209	淮南市图书馆	1207
210	淮北市图书馆	1208
211	阜阳市图书馆	1209
212	滁州市图书馆	1210
213	宣城市图书馆	1211
214	池州市图书馆	1212
215	黄山市图书馆	1213
216	亳州市图书馆	1214
217	宿州市图书馆	1215
218	合肥市少儿馆	1216
219	淮南市少儿馆	1217
220	福建省图书馆	1300
221	厦门市图书馆	1301
222	福州市图书馆	1302

序号	机构名称	代码
223	泉州市图书馆	1303
224	龙岩图书馆	1304
225	三明市图书馆	1305
226	莆田市图书馆	1306
227	漳州市图书馆	1307
228	南平市图书馆	1308
229	宁德市图书馆	1309
230	福建省少儿图书馆	1310
231	福州市少儿图书馆	1311
232	厦门市少儿馆	1312
233	三明市少儿馆	1313
234	平潭综合实验区图书馆	1314
235	江西省图书馆	1400
236	南昌市图书馆	1401
237	抚州市图书馆	1402
238	吉安市图书馆	1403
239	景德镇市图书馆	1404
240	九江市图书馆	1405
241	萍乡市图书馆	1406
242	赣州市图书馆	1407
243	新余市图书馆	1408
244	上饶市图书馆	1409
245	鹰潭市图书馆	1410
246	宜春市图书馆	1411
247	山东省图书馆	1500
248	济南市图书馆	1501
249	青岛市图书馆	1502
250	济宁市图书馆	1503

续表

序号	机构名称	代码
251	威海市图书馆	1504
252	烟台图书馆	1505
253	德州市图书馆	1506
254	淄博市图书馆	1507
255	聊城市海源阁图书馆	1508
256	临沂市图书馆	1509
257	枣庄市图书馆	1510
258	莱芜市图书馆	1511
259	滨州市图书馆	1512
260	东营市图书馆	1513
261	日照市图书馆	1514
262	泰安市图书馆	1515
263	潍坊市图书馆	1516
264	烟台少儿馆	1517
265	菏泽市图书馆	1518
266	河南省图书馆	1600
267	郑州图书馆	1601
268	安阳市图书馆	1602
269	鹤壁市图书馆	1603
270	洛阳市图书馆	1604
271	平顶山市图书馆	1605
272	信阳市图书馆	1606
273	周口市图书馆	1607
274	许昌市图书馆	1608
275	开封市图书馆	1609
276	新乡市图书馆	1610
277	焦作市图书馆	1611
278	濮阳市图书馆	1612

续表

序号	机构名称	代码
279	漯河市图书馆	1613
280	三门峡市图书馆	1614
281	南阳市图书馆	1615
282	河南省少儿图书馆	1616
283	安阳少儿馆	1617
284	洛阳市少儿图书馆	1618
285	平顶山市少年儿童图书馆	1619
286	济源市图书馆	1620
287	湖北省图书馆	1700
288	武汉图书馆	1701
289	黄冈市图书馆	1702
290	十堰市图书馆	1703
291	宜昌市图书馆	1704
292	黄石市图书馆	1705
293	荆州市图书馆	1706
294	襄阳市图书馆	1707
295	孝感市图书馆	1708
296	鄂州市图书馆	1709
297	随州市图书馆	1710
298	荆门市图书馆	1711
299	咸宁市图书馆	1712
300	恩施州图书馆	1713
301	武汉市少儿馆	1714
302	荆州市少儿馆	1715
303	襄阳市少儿馆	1716
304	十堰市少儿馆	1717
305	天门市图书馆	1718
306	湖南图书馆	1800

续表

序号	机构名称	代码
307	长沙市图书馆	1801
308	衡阳市图书馆	1802
309	湖南省湘潭市图书馆	1803
310	岳阳市图书馆	1804
311	株洲市图书馆	1805
312	常德市图书馆	1806
313	郴州市图书馆	1807
314	湘西自治州图书馆	1808
315	怀化市图书馆	1809
316	益阳市图书馆	1810
317	邵阳松坡图书馆	1811
318	永州市图书馆	1812
319	湖南省少儿馆	1813
320	衡阳少儿馆	1814
321	邵阳少儿馆	1815
322	湘潭少儿馆	1816
323	广东省立中山图书馆	1900
324	广州图书馆	1901
325	深圳图书馆	1902
326	东莞图书馆	1903
327	惠州慈云图书馆	1904
328	清远市图书馆	1905
329	汕头市图书馆	1906
330	肇庆市图书馆	1907
331	珠海市图书馆	1908
332	中山市中山图书馆	1909
333	韶关市图书馆	1910
334	佛山市图书馆	1911

续表

序号	机构名称	代码
335	江门市五邑图书馆	1912
336	湛江市图书馆	1913
337	茂名市图书馆	1914
338	梅州市剑英图书馆	1915
339	汕尾市图书馆	1916
340	阳江市图书馆	1917
341	潮州市图书馆	1918
342	揭阳市图书馆	1919
343	云浮市图书馆	1920
344	河源市图书馆	1921
345	广州少儿馆	1922
346	东莞少儿馆	1923
347	深圳少儿馆	1924
348	湛江市少儿馆	1925
349	海南省图书馆	2000
350	三亚市图书馆	2001
351	海口图书馆	2002
352	儋州市图书馆	2003
353	广西壮族自治区图书馆	2100
354	南宁市图书馆	2101
355	北海市图书馆	2102
356	玉林市图书馆	2103
357	贵港市图书馆	2104
358	钦州市图书馆	2105
359	崇左市图书馆	2106
360	百色市图书馆	2107
361	防城港市图书馆	2108
362	广西少儿馆	2109

续表

序号	机构名称	代码
363	南宁少儿馆	2110
364	北海市少儿馆	2111
365	广西壮族自治区桂林图书馆	2200
366	梧州市图书馆	2201
367	柳州市图书馆	2202
368	贺州市图书馆	2203
369	河池市图书馆	2204
370	来宾市图书馆	2205
371	重庆图书馆	2300
372	渝中区图书馆	2301
373	北碚区图书馆	2302
374	沙坪坝区图书馆	2303
375	南岸区图书馆	2304
376	九龙坡区图书馆	2305
377	大渡口区图书馆	2306
378	黔江区图书馆	2307
379	长寿区图书馆	2308
380	渝北区图书馆	2309
381	巴南区图书馆	2310
382	永川区图书馆	2311
383	合川区图书馆	2312
384	江北区图书馆	2313
385	江津区图书馆	2314
386	万州区图书馆	2315
387	万盛经济技术开发区图书馆	2316
388	綦江区图书馆	2317
389	涪陵区图书馆	2318
390	南川区图书馆	2319

续表

序号	机构名称	代码
391	双桥经济技术开发区图书馆	2320
392	大足县图书馆	2321
393	潼南县图书馆	2322
394	秀山县图书馆	2323
395	璧山县图书馆	2324
396	垫江县图书馆	2325
397	云阳县图书馆	2326
398	武隆县图书馆	2327
399	巫山县图书馆	2328
400	荣昌县图书馆	2329
401	巫溪县图书馆	2330
402	忠县图书馆	2331
403	石柱县图书馆	2332
404	梁平县图书馆	2333
405	丰都县图书馆	2334
406	酉阳县图书馆	2335
407	铜梁县图书馆	2336
408	城口县图书馆	2337
409	开县图书馆	2338
410	奉节县图书馆	2339
411	彭水县图书馆	2340
412	重庆市少儿馆	2341
413	涪陵区少儿馆	2342
414	四川省图书馆	2400
415	成都市图书馆	2401
416	绵阳市图书馆	2402
417	泸州市图书馆	2403
418	攀枝花市图书馆	2404

续表

序号	机构名称	代码
419	宜宾市图书馆	2405
420	资阳市图书馆	2406
421	遂宁市图书馆	2407
422	雅安市图书馆	2408
423	凉山彝族自治州图书馆	2409
424	南充市图书馆	2410
425	巴中市图书馆	2411
426	广元市图书馆	2412
427	德阳市图书馆	2413
428	达州市图书馆	2414
429	甘孜州图书馆	2415
430	阿坝州图书馆	2416
431	自贡市图书馆	2417
432	内江市图书馆	2418
433	广安市图书馆	2419
434	眉山市图书馆	2420
435	乐山市图书馆	2421
436	泸州市少年儿童图书馆	2422
437	贵州省图书馆	2500
438	贵阳市图书馆	2501
439	遵义市图书馆	2502
440	铜仁市图书馆	2503
441	毕节市图书馆	2504
442	黔南州图书馆	2505
443	六盘水市图书馆	2506
444	黔东南州图书馆	2507
445	黔西南州图书馆	2508
446	安顺市图书馆	2509

续表

序号	机构名称	代码
447	贵阳市少年儿童图书馆	2510
448	云南省图书馆	2600
449	昆明市图书馆	2601
450	红河州图书馆	2602
451	文山州图书馆	2603
452	保山市图书馆	2604
453	普洱市图书馆	2605
454	西双版纳傣族自治州图书馆	2606
455	曲靖市图书馆	2607
456	昭通地区图书馆	2608
457	楚雄州图书馆	2609
458	玉溪市图书馆	2610
459	大理州图书馆	2611
460	德宏州图书馆	2612
461	丽江地区图书馆	2613
462	怒江州图书馆	2614
463	迪庆州图书馆	2615
464	临沧州地区图书馆	2616
465	昆明市少儿馆	2617
466	曲靖市少儿馆	2618
467	西藏自治区图书馆	2700
468	林芝地区图书馆	2701
469	昌都图书馆	2702
470	阿里图书馆	2703
471	山南图书馆	2704
472	那曲地区图书馆	2705
473	陕西省图书馆	2800
474	西安图书馆	2801

续表

序号	机构名称	代码
475	咸阳图书馆	2802
476	宝鸡市图书馆	2803
477	安康市图书馆	2804
478	铜川市图书馆	2805
479	商洛市图书馆	2806
480	延安市图书馆	2807
481	渭南市图书馆	2808
482	安康少儿馆	2809
483	安康市汉滨区少儿馆	2810
484	甘肃省图书馆	2900
485	兰州市图书馆	2901
486	嘉峪关市图书馆	2902
487	金昌市图书馆	2903
488	白银市图书馆	2904
489	天水市图书馆	2905
490	平凉市图书馆	2906
491	庆阳市图书馆	2907
492	临夏州图书馆	2908
493	甘南州图书馆	2909
494	酒泉市图书馆	2910
495	定西市图书馆	2911
496	陇南市图书馆	2912
497	甘肃矿区图书馆	2913
498	张掖市图书馆	2914
499	武威市图书馆	2915
500	兰州少儿馆	2916

续表

序号	机构名称	代码
501	嘉峪关市少儿图书馆	2917
502	青海省图书馆	3000
503	西宁市图书馆	3001
504	海北州图书馆	3002
505	海南州图书馆	3003
506	海西州图书馆	3004
507	果洛州图书馆	3005
508	黄南州图书馆	3006
509	玉树州图书馆	3007
510	宁夏回族自治区图书馆	3100
511	银川市图书馆	3101
512	吴忠市图书馆	3102
513	石嘴山市图书馆	3103
514	固原市图书馆	3104
515	中卫市图书馆	3105
516	新疆维吾尔自治区图书馆	3200
517	乌鲁木齐市图书馆	3201
518	喀什地区图书馆	3202
519	伊犁州图书馆	3203
520	巴音郭楞蒙古自治州图书馆	3204
521	昌吉州图书馆	3205
522	塔城地区图书馆	3206
523	阿勒泰地区图书馆	3207
524	和田地区图书馆	3208
525	阿克苏地区图书馆	3209
526	克孜勒苏柯尔克孜自治州图书馆	3210

续表

序号	机构名称	代码
527	新疆博尔塔拉蒙古自治州图书馆	3211
528	哈密地区图书馆	3212
529	吐鲁番地区图书馆	3213
530	克拉玛依市图书馆	3214
531	新疆生产建设兵团文化中心	3300
532	新疆兵团第六师数字图书馆	3301
533	新疆兵团第八师数字图书馆	3302

注：

2017 年 9 月 27 日，新增辽阳市少年儿童图书馆，机构代码 0624。

2017 年 10 月 23 日，新增济源市图书馆，机构代码 1620。

2018 年 10 月 16 日，新增平潭综合实验区图书馆，机构代码 1314。

2018 年 11 月 27 日，新增安康市汉滨区少儿馆，机构代码 2810。

2019 年 7 月 10 日，新增空港经济区文化中心图书馆，机构代码 0230。

附录四　推广工程数字资源联合建设网事典藏专题采集项目元数据著录规则（2018）

一、著录对象

著录对象为采集的网络专题资源，著录时以单次存档的专题资源为一个著录单位。

专题：是指具有相同或相关主题的网络信息资源的集合。

专题资源：属于某个专题的具体资源对象，资源类型可以是网站、网站频道或单一网页。

二、著录要求

对采集的专题资源进行编目加工，要求参照著录规则进行编目。元数据著录规则如下：

附表 4-1　元数据著录规则

术语	必备性	著录内容
加工编号	必备	著录元数据的一个明确标识，具体规则见《专题编号及专题资源采集加工编号命名规则》
CDOI	有则必备	著录所采集专题资源的唯一标识号
资源名称	必备	著录该资源的名称，一般指网络资源正式公开的名称
所属网站	（网站频道或网页）必备	著录该资源所属网站的正式发布的规范名称
所属专题	必备	著录该资源所属的专题编号，具体规则见《专题编号及专题资源采集加工编号命名规则》

续表

术语	必备性	著录内容
摘要	必备	著录该资源内容的总结概括性文字。摘要字数要求 200 字以内。语句简洁流畅，无语法错误
关键词	必备	著录反映该资源主要内容的名词或名词短语。如有多个关键词，以英文半角分号间隔
时间范围	有则必备	著录专题资源内容的时间特征
空间范围	有则必备	著录专题资源内容涉及的空间特征。包括地点、地理坐标
资源类型	必备	著录所保存资源的类型。如资源为单一网页则值为"网页"，如资源为某网站的某个专题频道，则值为"频道"，如资源为某个网站，则值为"网站"
内容形式	必备	著录内容形式及内容限定。参考国家标准 GB/T 3469—2013《信息资源的内容形式和媒体类型标识》取值
媒体类型	必备	著录用以承载资源内容的载体类别。参考国家标准 GB/T 3469—2013《信息资源的内容形式和媒体类型标识》取值。网络信息保存资源媒体类型统一著录为"电子"
语种	必备	著录该资源的 3 位语种代码，可参考《新版中国机读目录格式使用手册》。如有多个语种，以英文半角分号间隔
保存格式	必备	著录所采集的网站资源存档格式。统一著录为"WARC"
采集地址	必备	著录该资源的原始访问地址
采集日期	必备	著录该资源采集的日期。如果在审核过程中需重新采集，应对本项内容进行修改
发布地址	必备	著录存档资源的发布地址
发布日期	必备	著录存档资源发布的日期
访问方式	必备	著录资源可以提供服务的范围，取值：互联网访问、推广工程专用网络访问、××图书馆局域网访问等
中图分类	必备	著录该资源内容所属的中图分类号，多个分类号用英文半角分号间隔
附注	有则必备	未在其他著录项中著录而又有必要进一步补充说明的内容，均可著录于本项

术语	必备性	著录内容
数据提交单位	必备	著录承建馆的名称
所属任务年份	必备	著录联建工作的任务年度，2018 年度数据则著录 2018

注：上述编目字段中所涉及的时间日期格式为：yyyy-mm-dd，有明确开始和结束时间的填写时间段 yyyy-mm-dd/yyyy-mm-dd，没有明确结束时间填写开始日期，格式为：start：yyyy-mm-dd；没有明确开始时间填写结束日期，格式为：end：yyyy-mm-dd。

三、专题编号及专题资源采集加工编号命名规则

专题编号统一定长为 11 位。具体组成是：资源类型代码（1 位，专题：Z）、采集机构代码（4 位，数值取自机构代码，见附录三附件 2《推广工程数字资源联合建设机构代码》）、所属任务年份（4 位）、专题序号（2 位）

专题资源采集加工编号统一定长为 15 位。具体组成是：专题编号（11 位）、资源记录流水号（4 位）。

注释：

（1）所属任务年并非采集年，而是专题任务所属年份；

（2）专题序号是指某机构当年所采集的第几个专题，顺序排列，如"2018 年两会"是 2018 年的第 3 个专题，则专题序号则为"03"；

专题编号样例：Z0100201803

（3）资源记录流水号是该条资源属于某个专题的第几个资源记录，如"两会新闻发布会召开"属于"2018 年两会"专题的第 98 条资源记录，则该资源记录流水号是"0098"；

专题资源采集加工编号样例：Z01002018030098

四、著录样例

加工编号	Z01002016030086
CDOI	108.ndlc.39.4200009031010001/T8F45.1000000004
资源名称	北京市全面推开营业税改增值税试点
所属网站	首都之窗
所属专题	实施营改增政策深化供给侧改革
摘要	2016 年 3 月 24 日财政部网站公布了《关于全面推开营业税改征增值税试点的通知》，营改增试点的细则正式亮相。首都之窗策划专题"北京市全面推开营业税改增值税试点"，对此进行全媒体报道，内容包括：图解营改增、办税指南、四大行业税收指引、你问我答和政策文件等版块内容
关键词	首都之窗；营改增；税收；试点；营业税；增值税
时间范围	start：2016-03-24
空间范围	北京市
资源类型	频道
内容形式	多种内容形式
媒体类型	电子
语种	chi
保存格式	WARC
采集地址	http://zhengwu.beijing.gov.cn/zwzt/ygz/
采集日期	2016-05-17
发布地址	http://10.102.0.0/16/36yinggaizeng/20160509023113/http://zhengwu.beijing.gov.cn/zwzt/ygz/
发布日期	2016-10-08
访问方式	推广工程专用网络访问
中图分类	F812.42
数据提交单位	首都图书馆
所属任务年份	2016

附件 1：信息资源的内容形式和媒体类型标识简表［参见全国信息与

文献标准化技术委员会的《信息资源的内容形式和媒体类型标识（GB/T 3469—2013）》]

附件2：推广工程数字资源联合建设机构代码（详见附录三附件2）

附件3：

附表 4-2　推广工程数字资源联合建设项目质检报告（2018）

年　　月　　日

项目名称			
建设单位		建设数量	
质检单位		抽检数量	
提交时间		抽检时间	
质检结果			
一、总体说明			
二、质检过程			
三、主要问题			

质检单位

（签章）

附录五 推广工程数字资源联合建设网事典藏网站采集元数据著录规则（2018）

一、著录对象

著录对象为存档的网站，包括核心政府机构、事业单位、文化、艺术、科普等网站。以单次存档的网站为一个著录单位。如果一个网站具有多个主页域名，著录时作为一个对象著录。

二、著录要求

对采集的网站进行编目加工，要求参照著录规则进行编目。元数据以 EXCEL 文件形式提交，元数据著录规则如下：

术语	必备性	著录内容
加工编号	必备	著录元数据的一个明确标识，具体规则见《网站采集加工编号命名规则》
CDOI	有则必备	著录所采集网站的唯一标识号
网站名称	必备	赋予资源的名称，一般指网络资源正式公开的名称
网站其他名称	必备	统一著录为"××网站"，对网站名称进行规范与解释说明，如果是政府网站著录，此处要求按照省、市、区县的顺序著录网站全名。例如："朝阳区人民政府网"其网站其他名称著录应为"北京市朝阳区人民政府网站"

续表

术语	必备性	著录内容
摘要	必备	著录网站内容的总结概括性文字。摘要字数要求 200 字以内。建议格式为：摘要内容分两部分，第一部分对网站内容进行整体概括，第二部分把网站包含的栏目名称列出。比如：江西省人民政府门户网站于 1999 年 11 月建成开通，由江西省人民政府办公厅主办，江西省信息中心承办，是互联网上政府信息公开、回应社会关切、提供政务服务的重要载体，是各级政府网站集中展示的窗口，是省政府各部门履行职责的重要平台，现设有览省情、寻资讯、看政务、找政策、享服务、爱问政和用数据等栏目
关键词	必备	著录体现网站主要内容的名词或名词短语。如有多个关键词，以英文半角分号间隔
资源类型	必备	著录所保存资源的类型。统一著录为"网站"
内容形式	必备	著录内容形式及内容限定。参考国家标准 GB/T 3469—2013《信息资源的内容形式和媒体类型标识》取值
媒体类型	必备	著录用以承载资源内容的载体类别。参考国家标准 GB/T 3469—2013《信息资源的内容形式和媒体类型标识》取值。网络信息保存资源媒体类型统一著录为"电子"
语种	必备	著录网站的 3 位语种代码，可参考《新版中国机读目录格式使用手册》。如有多个语种，以英文半角分号间隔
保存格式	必备	著录所采集的网站资源存档格式。统一著录为"WARC"
机构名称	有则必备	著录网站的所属机构名称。著录时应以通用性、惯用性为选取原则。如网站中出现多个不同的名称，选择网站最显著位置的名称
关联	有则必备	著录与当前资源存在某种关系的其他资源
访问方式	必备	著录资源可以提供服务的范围，取值：互联网访问、推广工程专用网络访问、××图书馆局域网访问等
采集日期	必备	著录网站采集的日期。如果在审核过程中需重新采集，应对本项内容进行修改
发布日期	必备	著录存档资源发布的日期
采集地址	必备	著录网站的原始访问地址
发布地址	必备	著录存档资源的发布地址

续表

术语	必备性	著录内容
附注	有则必备	凡未在其他著录项中著录而又有必要进一步补充说明的内容，均可著录于本项
数据提交单位	必备	著录承建馆的名称
所属任务年份	必备	著录联建工作的任务年度，2018 年度数据则著录 2018

三、网站采集加工编号命名规则

网站采集加工编号统一定长为15位。具体组成是：资源类型代码（1位，网站：W）、采集机构代码（4位，数值取自机构代码，2—5字符位）、所属任务年份（4位，6—9字符位）、流水号（6位，10—15字符位）。注意：所属任务年并非采集年，同一任务年的流水号应顺序排列，不同存档资源流水号不可重复。

例如：

网站：W17002018000001

机构代码见"推广工程数字资源联合建设机构代码"（详见附录三附件2）。

四、著录样例

加工编号	W17002018000001
CDOI	108.ndlc.39.4200009031010001/T8F45.1000000004
网站名称	湖北省人力资源和社会保障厅
网站其他名称	湖北省人力资源和社会保障厅网站
摘要	该网站为湖北省人力资源和社会保障厅网站，由湖北省人力资源和社会保障厅办公室、湖北省人力资源和社会保障信息中心主办，主要包括新闻中心、信息公开、服务大厅、互动交流、12333咨询、政策法规等栏目

续表

关键词	湖北；人力资源；社会保障
资源类型	网站
内容形式	多种内容形式
媒体类型	电子
语种	chi
保存格式	WARC
机构名称	湖北省人力资源和社会保障厅
关联	湖北省人事厅；湖北省劳动和社会保障厅
访问方式	推广工程专用网络访问
采集日期	2018-03-11
发布日期	2018-06-19
采集地址	http://www.hb.hrss.gov.cn/
发布地址	http://10.118.62.109：8080/wayback/20150414014759/http://www.hb.hrss.gov.cn/
附注	将原湖北省人事厅、原湖北省劳动和社会保障厅的职责整合，划入省人力资源和社会保障厅
数据提交单位	湖北省图书馆
所属任务年份	2018

附件 1：信息资源的内容形式和媒体类型标识简表［参见全国信息与文献标准化技术委员会的《信息资源的内容形式和媒体类型标识（GB/T 3469—2013）》］

附件 2：推广工程数字资源联合建设机构代码（详见附录三附件 2）

附件 3：推广工程数字资源联合建设项目质检报告（详见附录四附件 3）